知的幸福整理学

「幸福とは何か」を考える

黒川白雲

まえがき

宗教、哲学、政治、経済、科学――人類が古来求めてやまなかったものは、まさしく「真なる幸福とは何か」ということにあります。

近年、ハーバード大学等を中心として、幸福のメカニズムの科学的解明を目指す「幸福学」「幸福度研究」と呼ばれる学際的研究が注目を集め、NHKでも『「幸福学」白熱教室』シリーズとして放映されました。

また、毎年、国連が加盟国の「幸福度ランキング」を発表したり、日本でも内閣府や全国の自治体で、幸福度指標を政策立案に活かそうとする動きも広がっています。

巷間《こうかん》では、この数年間、「幸福」や「幸福論」といった言葉を冠する書籍も多数発刊され、「幸福」という言葉は人口に膾炙《かいしゃ》するようになりました。

今や、日本、及び世界の人々は真剣に「幸福」を探し求めています。

本書では、こうした「幸福」ニーズの高まりに応えるべく、『幸福学概論』(大川隆法著、幸福の科学出版刊)を手がかりとして、アリストテレスからドラッカーに至るまで、幸福論の歴史を概観するとともに、「幸福」ブームの火付け役であり、累計1600冊以上の書籍(27言語、約2億冊以上発行)を通じて、「幸福学」「幸福論」を説き続けてきた大川隆法・幸福の科学グループ創始者兼総裁の説く「真なる幸福」に迫ります。

全ての学問は「幸福」を目指しています。その意味で、「真なる幸福」を指し示す、大川総裁の「幸福学」は、学問の世界にパラダイムシフトを引き起こす〝智慧の挑戦〟でもあります。

2015年4月に開学を予定している幸福の科学大学の建学の精神は「幸福の

※幸福の科学大学(仮称)は、設置認可申請中のため、学部名称も含め、構想内容は変更の可能性があります。

探究と新文明の創造」です。本書を通じ、希望の未来を切り拓かんとする、幸福の科学大学の新しい息吹を感じ取っていただければ、これに勝る喜びはありません。

２０１４年９月10日

学校法人幸福の科学学園
理事・幸福の科学大学人間幸福学部長候補　黒川白雲

知的幸福整理学　目次

第2章 最終結論としての「幸福とは何か」

――『幸福の科学大学創立者の精神を学ぶⅡ（概論）』を読む

第3章 知的幸福整理学のすすめ

※文中、特に著者名を銘記していない書籍に
ついては、原則、大川隆法著となります。

序章

豊かになっても幸福になれないのはなぜ？

日本の幸福度は先進国最低ランク？

世界幸福度レポートという興味深い調査（図1）があります。国連が、世界156カ国に住む人々の幸福度を調べて、国別のランキングにし、毎年発表しているものです。

2013年度の調査では、日本は43位でした。日本の国力からすれば、思った以上に低い順位ではないでしょうか？　先進国の中では、45位のイタリアと並んで最下位クラスです。

トップ5は、デンマーク、ノルウェー、スイス、オランダ、スウェーデンと、ヨーロッパの国で占められました。他の主要国は、アメリカ17位、イギリス22位、フランス25位、ドイツ26位です。アジアではアラブ首長国連邦が14位でトップ、あとはシンガポール30位、タイ36位、韓国41位、台湾42位、中国は93位でした（北

図1　世界の幸福度ランキング

順位	国名	順位	国名
1	デンマーク	26	ドイツ
2	ノルウェー	27	カタール
3	スイス	28	チリ
4	オランダ	29	アルゼンチン
5	スウェーデン	30	シンガポール
6	カナダ	31	トリニダード・トバゴ
7	フィンランド	32	クウェート
8	オーストリア	33	サウジアラビア
9	アイスランド	34	キプロス
10	オーストラリア	35	コロンビア
11	イスラエル	36	タイ
12	コスタリカ	37	ウルグアイ
13	ニュージーランド	38	スペイン
14	アラブ首長国連邦	39	チェコ
15	パナマ	40	スリナム
16	メキシコ	41	韓国
17	アメリカ合衆国	42	台湾
18	アイルランド	43	日本
19	ルクセンブルク	44	スロベニア
20	ベネズエラ	45	イタリア
21	ベルギー	46	スロバキア
22	イギリス	47	グアテマラ
23	オマーン	48	マルタ
24	ブラジル	49	エクアドル
25	フランス	50	ボリビア

出所：国連「WORLD HAPPINESS REPORT 2013」より作成

朝鮮は、調査対象外です)。ちなみに全体の最下位はアフリカのトーゴです。

幸福度を評価する基準は、富裕度、健康度、自由度、困った時に頼れる人の有無、汚職に関するクリーン度などの要素を考慮したものです。日本は、中国に抜かれたとはいえ、世界第3位の経済大国です。平均寿命も世界トップレベルで、健康度も高そうです。新聞や週刊誌が政府批判をしても、記者が逮捕・拘束されることのない言論の自由があります。にもかかわらず、先進国最低レベルの幸福度になっている点に、何か日本という国の課題を探るヒントがあるのかもしれません。

日本に来た外国の人は、電車の中で多くの日本人が眠っているのを見て驚くそうです。疲れ切って眠っている姿がすごく不幸に見えるらしいのです。財布を盗《と》られる心配をすることなく車中で眠ることができるほど、平和で安全な国だという見方もできるはずですが、よほど〝くたびれて〟見えるのかもしれません。

幸福のパラドックス

なぜ、日本の幸福度は低いのでしょうか。

別のグラフを見てみましょう。図2は、電通総研が行った「世界価値観調査」です。経済力と幸福度の関係を国別に分析したものです。縦軸が「主観的幸福感」、横軸が「一人当たりGDP（国内総生産）」となっています。これを見ると、ブラジルや中国、インドなど、経済成長の余地がある国は、GDPが伸びるほど幸福感が増すことが読み取れます。しかし、アメリカや日本など、経済的に成熟した国は、幸福感の伸びは小さくなっていきます。

ある程度までは、豊かになるほど幸福感は増すのですが、一定レベルの豊かさを実現してしまうと、幸福感はそれほど強くならないということです。

個人で分析しても似た結果になります。2010年にアメリカのプリンストン大学のダニエル・カーネマン教授とアンガス・デートン教授らが行った調査では、年収7万5000ドルまでは、収入が増えるほど幸福度が上がるのですが、7万

図２　　世界価値観調査

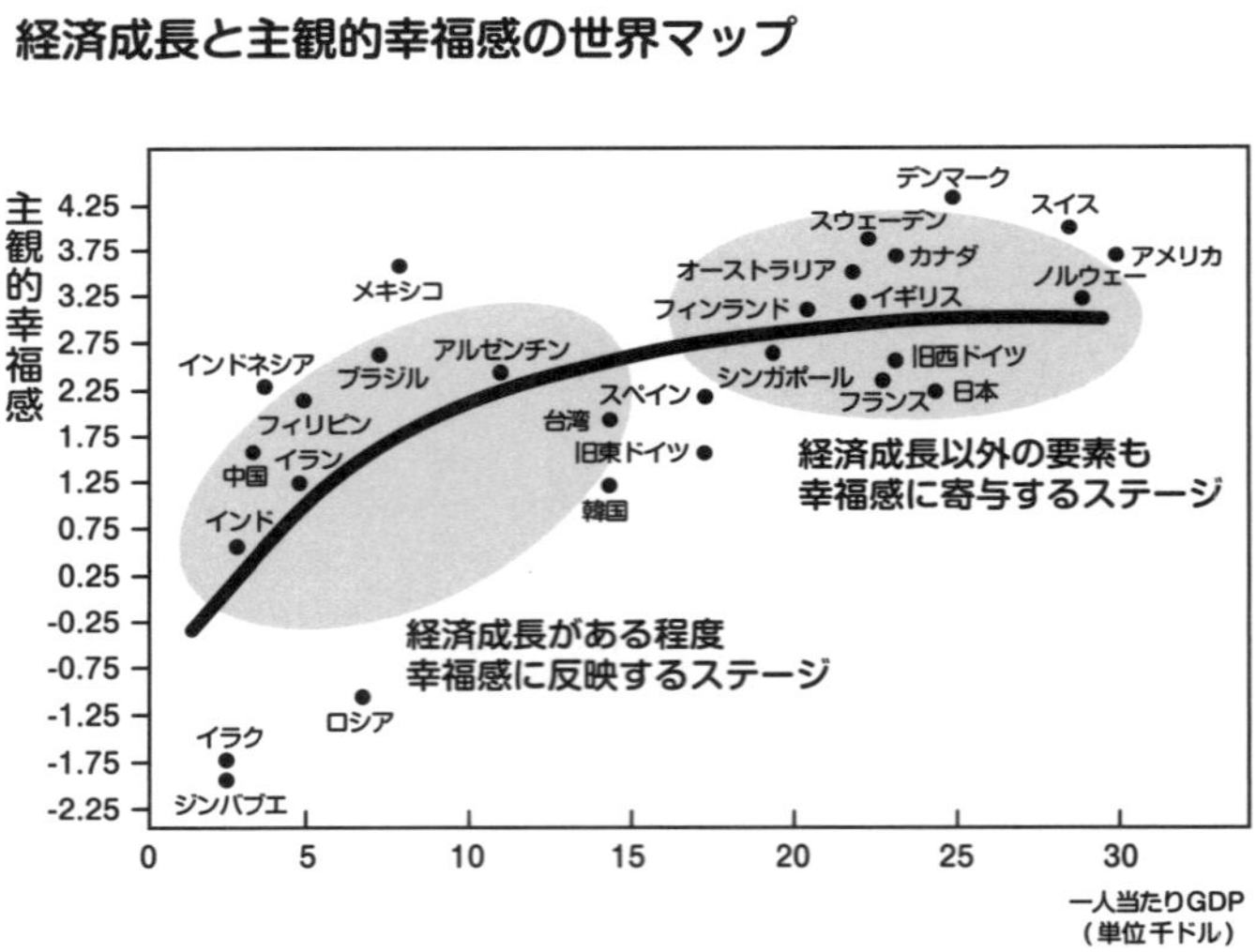

出所：電通ホームページより作成
http://www.dentsu.co.jp/marketing/happiness/

5000ドル以上になると、幸福度は上がらなくなるという結果が出ました。これは、2008年から09年にかけて、45万人を超えるアメリカ人を対象に電話調査を行ったものです。まさに孟子《もうし》の言う「恒産《こうさん》なくして恒心《こうしん》なし」（安定した収入がなければ、安定した心境は保てない）を地で行く結果となりましたが、一定の収入を超えると、幸福度には別のファクター（要因）が絡んでくることが明らかになっています。

日本のデータも見てみましょう。

内閣府の「平成20年度版国民生活白書」には、「生活満足度」と「一人当たり実質GDP」を比べたグラフが載っています（図3）。生活満足度は、1984年をピークに下落傾向にあります。一方で、GDPは基本的に上昇傾向にあります。やはり、豊かさの実現と満足度の動きが正の相関をしていません。

このように豊かさと幸福度が関係ない現象を幸福度研究では、「幸福のパラドックス」と呼んで、研究の対象にしています。

図３　「生活満足度」と「一人当たり実質ＧＤＰ」の推移

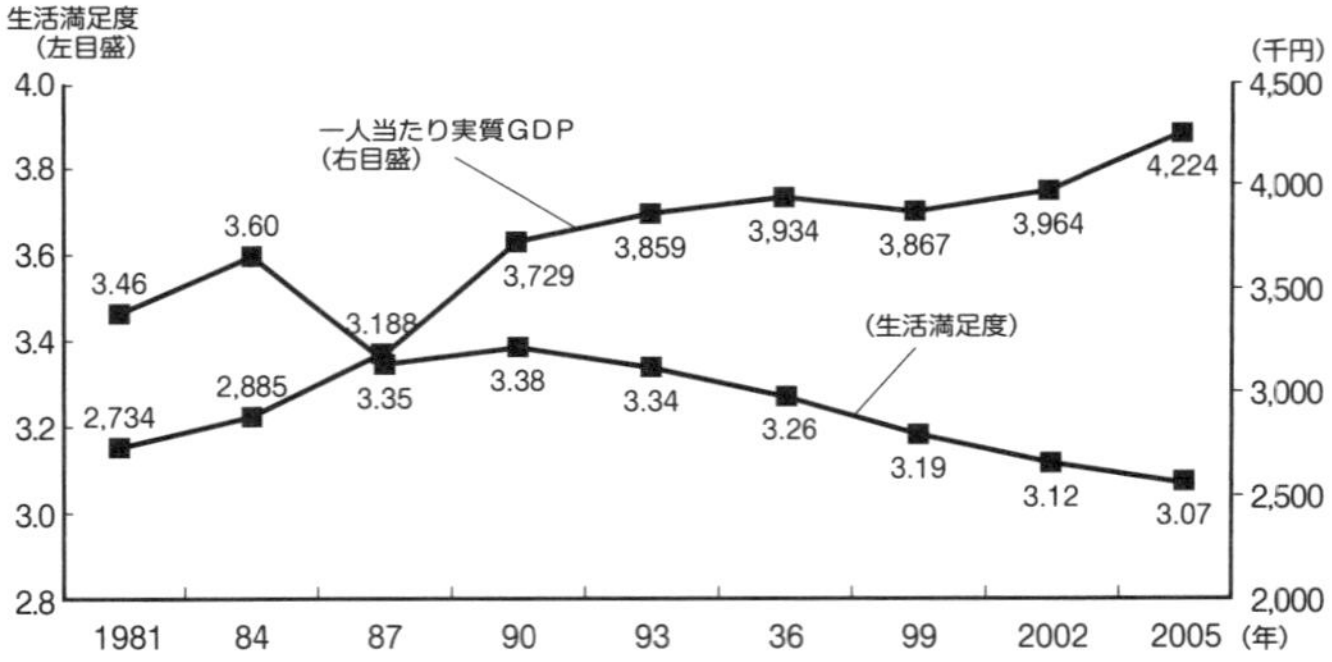

（備考）　1. 内閣府「国民生活選好度調査」、「国民経済計算確報」（1993年以前は平成14年確報、1996年以後は平成18年確報）、総務省「人口設計」により作成。

2. 「生活満足度」は「あなたは生活全般に満足していますか。それとも不満ですか（○は一つ）」と尋ね、「満足している」から「不満である」までの５段階の回答に、「満足している」＝5から「不満である」＝1までの得点を与え、各項目ごとに回答数で加重した平均得点を求め、満足度を指標化したもの。

3. 回答者は、全国の15歳以上75歳未満の男女（「わからない」、「無回答」を除く）。

出所：平成20年版国民生活白書p.57

たとえ収入は不十分でも、かけがえのない家族に囲まれて幸福感を感じる人はいますし、人がうらやむ高収入でも、厳しい競争のストレスにさらされて不幸感覚の強い人もいます。必ずしも経済力＝《イコール》幸福感ではないことは、経験上、誰もが感じているところでしょう。今まで見た各種の調査でも、それが裏づけられています。

言い換えれば、個人にしても、国にしても、ある程度の豊かさを実現したら、豊かさ以外の要素が幸福感に強い影響を与えるようになるということです。いわば、「物質的な豊かさによる幸福」から「精神的な豊かさによる幸福」にウエイトが移っていくわけです。

折角ですから、都道府県別の幸福度も紹介しておきましょう（図4）。横軸が所得で縦軸が幸福度です。幸福度は、「全体として、あなたは普段どの程度幸福だと感じていますか」という質問でアンケート調査したものです。グラフを見ると、やはり、必ずしも経済力がそのまま幸福感につながっているわけではない点が読

図４　都道府県別の幸福度と所得の比較

注:横軸に所得、縦軸に幸福度をとった散布図

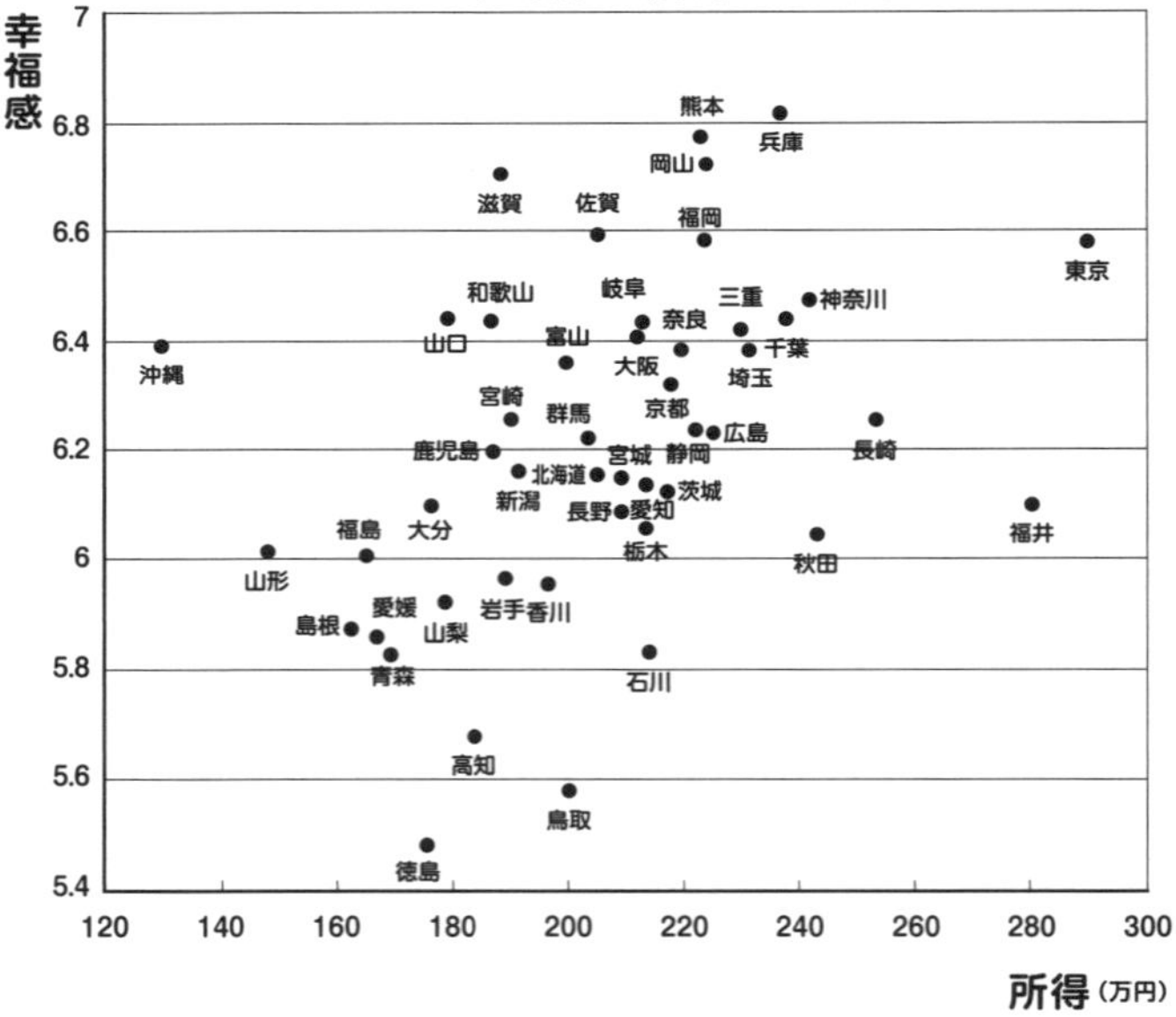

出所:山根他「幸福ではかった地域間格差」

み取れます。所得だけを見れば、一段と低い沖縄県は、意外に幸福度は平均より上です。とはいえ、所得が比較的高い都道府県は、幸福度も平均レベルかそれ以上ということも読み取れます。

つまり、「経済力と幸福度は、まるっきり無関係というわけではないが、ピタリと一致するわけではない」という程度の相関が見られるわけです（山根，2008）。

幸福のパラドックスを説明する五つの理論

では、この「幸福のパラドックス」をどのように説明すればよいのでしょうか。五つの理論が考えられます。

一つ目は経済学や幸福度研究等で言われている「順応仮説」です。

「順応仮説」とは、環境や条件に慣れてくると、だんだん喜びが減ってくるということです。例えば、カレーライスが好きな人は多いと思いますが、1杯目は美味しく食べることができます。ところが、2杯目、3杯目と食べていけば、1杯目ほど美味しく感じなくなります。満腹になってしまえば、幸福感は薄れてしまうわけです。自動車が好きだとしても、1台目を買ってドライブした時の感動は、2台目、3台目となれば、だんだん薄れてしまいます。

最初は幸福をもたらしたものも、同じことを繰り返されると、人間は環境に順応してしまい、幸福感が減ってきます。誰でも思い当たる経験があるのではないでしょうか。

二つ目は経済学者のジェームズ・デューゼンベリー（元ハーバード大教授）の言う「相対所得仮説」です。人々の幸福は、自分の周囲の人たちと比べて決まるという考え方です（友原，2013）。たとえ、お金儲けに成功して億万長者になったとしても、自分の友達やライバルがそれ以上に成功していたら、それほど幸福感が出てこないことはあり得ます。また、過去に今以上に豊かであった場合も幸福感が上がりません。これは時間的な「相対所得仮説」と呼ばれています。

三つ目は、仏教で言う「諸行無常《しょぎょうむじょう》」も関係しています。諸行無常とは、大川総裁によれば、「すべてのものは滅んでいくのだ。何一つ、常なるものはない」(『悟りと救い』61ページ)という意味です。どんなに成功してお金持ちになったとしても、50年後、100年後には、命そのものがなくなっています。肉体は滅び、財産も失われ、名前も忘れ去られていくでしょう。当たり前ですが、金銭的な豊かさは、永遠の幸福は保証してくれないのです。

四つ目は仏教で言う「煩悩無尽《ぼんのうむじん》」が関係しています。例えば、100万円もらったとします。最初は感謝するかもしれませんが、使い切ってしまうと、今度は200万円ほしくなります。200万円もらうと、次には300万円ほしくなる、というように、欲望にはキリがないところがあります。仏教で言う「求不得苦《ぐふとくく》」という、求めても求めても満足しない苦しみに襲われるわけです。

五つ目は心理学で言う「対象喪失」の不安です。財産を築くと、今度はそれを失うのが怖くなるという心理です。家が貧しければ、泥棒に入られても盗《と》られるものがないため、鍵を掛けないで留守にしても不安はありません。しかし、築いた財産が大きければ大きいほど、空き巣に入られるのではないか、誰かに騙し取られるのではないかと、不安が高じてきます。

仏教でも「愛別離苦《あいべつりく》」という言葉があります。愛する人を失う苦しみという意味です。『法句経《ほっくぎょう》』(ダンマパダ)には、「愛するものから憂いが生じ、愛するものから恐れが生じる」とありますが(中村訳，1978)、愛するものに執着が生じると、対象喪失の憂いや恐れが生じるというわけです。

このように考えていくと、「幸福とは何と不安定なものであろうか」と思えてきます。確かに、この世的な幸福は、このように不安定かつ一時的なものであり、「相対的幸福」と呼んでもいいでしょう。

図5　幸福のパラドックスを説明する五つの理論

1 **順応仮説** ——飽きる

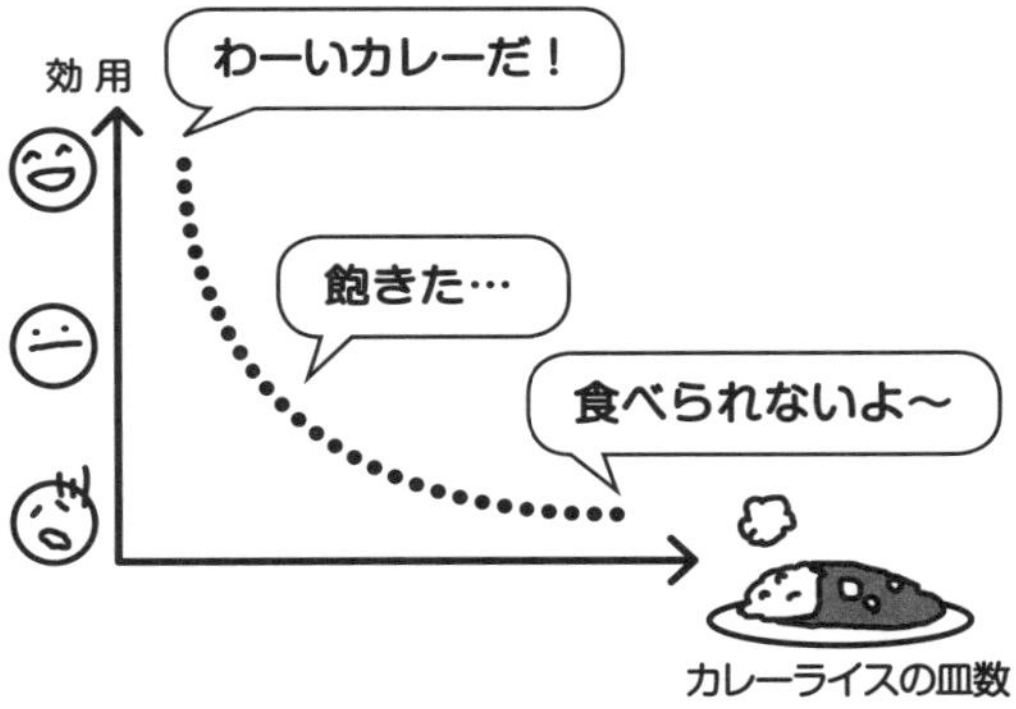

2 **相対所得仮説** ——人と比べる

3 **諸行無常** ——すべては滅んでいく

4 **煩悩無尽** ——もっとほしい

5 **対象喪失の不安** ——失いたくない

この世とあの世を貫く幸福

では、どうすれば、幸福をもっと確かなものにできるのでしょうか。そのためには、「そもそも幸福とは何か」について、考え方を整理しておく必要があります。

幸福の科学では、幸福について考えるにあたって、「人間は、死んであの世に還《かえ》るときに、地位や名誉、財産、物資は何一つ持っていくことができず、持って還れるものは心しかないのだ。持って還れるものが心しかないならば、その心を磨いて、より立派なものにする以外に、人間の修行はありえないのだ」（『幸福の原点』19ページ）という「霊的人生観」を前提とします。

地位や名誉、財産といったこの世的な幸福は続かないのであれば、心を磨くしかありません。心を磨くには、人々や社会に対して役に立つことに幸福を見出していく必要があります。幸福の科学の表現を使えば「与える愛の実践」ということになります。

幸福の原点とは、与える愛の実践であり、仏の慈悲心とみずからの心の波長とを合わせることなのです。

己の心を空しゅうして、他人や社会に対して愛を与えていかんと決意するとき、そこにあなたの幸福の原点があるのです。

『幸福の原点』27-28ページ

この考え方に立った時に、「幸福のパラドックス」を乗り越えていく可能性が出てきます。与える愛の実践は、どれだけ実践しても幸福感が薄らぐことはありません。他の人の幸福によって、自分の幸福感が損なわれることもないでしょう。精神的な喜びは永く持続していきますし、世俗的な欲望が肥大化したり、執着が募ったりすることを防ぎます。

霊的人生観を前提に置くことで、考え方が180度変わるわけです。この考え方を幸福の科学では、「この世とあの世を貫く幸福」と言い、「この幸福こそが最高・最大のものである」としています。

この意味で、宗教的な価値観と幸福の関係の研究も成果を上げつつあるので、注目したいところです。例えば、内閣府が2010年に行った幸福度に関する研究会では、「宗教を熱心に信仰することは幸福度を上げる」と報告されています。また、経済学者のブルーノ・S・フライらの研究では、「神を信じることと幸福のあいだには正の相関がある」（フライ，2005）としています。

なお、エラスムス大学のルード・ヴィーンホーヴェン教授らの主観的幸福感の調査では、「人生において神はどれだけ重要か」という設問に対して、「とても重要」と答えたのは、日本人はわずか6％に過ぎませんでした。この日本人の信仰心の低さが、世界の幸福度ランキングで43位になった原因とは言えないでしょうか。

「絶対幸福」と「相対的幸福」

また、幸福の科学では、「絶対幸福」というものが説かれています。『「幸福の心理学」講義』では、相対的な幸福ではなく、絶対幸福を求めることの大切さを次のように説明しています。

やはり、劣等感や嫉妬というのは、どうしても感じやすいものです。また、若ければ若いほど、感受性も強いので、劣等感や嫉妬心を抱きやすいのですが、それは、あまり幸福な状態ではないでしょう。

「劣等感のままに浸っている」、あるいは、「人に嫉妬心を感じるままに浸っている」というのは、あまり幸福なことではないので、やはり、どこかで心を切り替える技術を身につけなくてはいけません。

そのために、最初に述べたように、「心理カウンセラー、心理療法士からアドバイスを受けて立ち直る」ということもあるかもしれませんが、もう一段上の「幸福の心理学」「成功の心理学」に至っては、なかなか、そのように個人的カウンセリングができるものではないので、やはり、優れた人の思想に学び、自分なりに自助努力していくことで、そうした人に近づいていくことが可能であると思うのです。

現代のように、多くの人が同時代に生きているなか、同年代でも百万人以上の人が生きているなかで、幸福感を味わい、成功感を味わうのは、それほど簡単なことではありません。

競争社会のなかでは、やはり、失敗したり、落伍《らくご》していく人が多いので、「全員が全員、成功」し、「全員が全員、幸福な心境を味わう」ことは難しいことかと思います。

しかし、そうしたなかにおいて、自分が与えられた環境のなかで、自分にとって可能な幸福を花開かせることはできると思うのです。

その意味で大切なのは、「相対的な幸福」「人との比較における幸福」ではなくて、「絶対幸福」とも言うべきもの、「絶対的な幸福」でしょう。「自分は幸福である」と言い切れる人は、やはり幸福だと思うのです。

したがって、自分が、どのような環境にあるか、どのような性格や外見、家柄、教育的バックグラウンド、職業であるかなど、いろいろあるかもしれませんが、「どのようなところに、どのようなものを持って生まれていたとしても、幸福である」という気持ちを持てれば、「その幸福は、相対的ではない、本人自身の絶対的な幸福だ」と言うことができるのではないかと思います。

『「幸福の心理学」講義』61-63ページ

相対的な幸福とは、他人との比較によって得られるものです。しかし、他人との比較で得られる幸福は、長続きしませんし、失われるのも早いものです。それに、どちらかと言えば、むしろ苦しみや不幸の原因になるものでしょう。

本書では、こうした幸福の科学における幸福論の考え方について、伝統的な幸福論も参照しながら、「幸福とは何か」を探究していくつもりです。

第1章

幸福論をざっくり整理する

――『幸福学概論』を読む

『幸福学概論』
大川隆法著／幸福の科学出版

1　幸福学ブームはどこまで本物か

初めに手に取るべき幸福論の一冊とは？

幸福論と名のつく書物は数多くあります。有名なヒルティ、アラン、ラッセルの三大幸福論をはじめ、有名・無名を問わず、多くの思想家・哲学者が幸福について論じてきました。その数があまりにも膨大なため、古今東西の幸福論をまとめた解説本も複数存在するほどです。そのため、幸福論を考えるにあたって、どの本から手をつけたらよいのか迷う読者も多いと思います。

そこで、最初の一冊として、手に取っていただきたいのが、大川隆法・幸福の科学グループ創始者兼総裁の『幸福学概論』です。

大川総裁の著書は、そのすべてが幸福論に関わるものと言えますが（注1）、『幸福学概論』は、1600冊以上の著作のエッセンスを基軸としつつ、2500年以上にわたる幸福論の歴史を手のひらに乗せた、「幸福論の集大成」と言うべき一書です。

したがって、この『幸福学概論』に沿いながら、世界の幸福論を整理していくことが、幸福論の体系を理解するには、最も効果的な方法でしょう。

そこで、第1章では、『幸福学概論』をテキストに、幸福論をざっくり整理していきたいと思います。

白熱教室で注目を浴びる「幸福学」

「幸福学」は、日本では、2014年1月に、NHKの番組でアメリカの白熱教室を紹介したことをきっかけに、注目が集まっているようです。番組で紹介されていたのは、カナダ・ブリティッシュ・コロンビア大学准教授エリザベス・ダン博士と、アメリカのポートランド州立大学講師のロバート・ビスワス・ディーナー博士です。両者ともポジティブ心理学の研究者です。

ハーバードでも「幸福学」は教えられており、タル・ベン・シャハー、ショーン・エイカー、ダニエル・ギルバードらの研究者が有名です。いずれも心理学が専門です。

こうしたアメリカの大学を中心とする「幸福学」ブームについて、大川総裁は、次のように評価しています。

「もしかしたら、私の本の英訳から抜き出して話しているのではないか」と思うほど似ていました。まるで、私の語っている幸福論のなかから、「信仰」や「霊的世界」、「神」、「悪魔」など、こうした宗教的なるものを取り除き、再構成して、幸福学を成り立たせているかのように感じられたのです。

もちろん、これは私の見方ですので、向こうは向こうなりに、独自の勉強をして、幸福学を組み立てられているのだとは思います。

ただ、ほぼ似たような領域を探究している者からの感想としては、ハーバードなどで教えられている「幸福学」も、レベル的には、通俗哲学のレベルにとどまっていると言ってよいのではないでしょうか。

『幸福学概論』15‐16ページ

番組では、「幸せはお金で買えるか」をテーマに、エリザベス・ダン博士が次のような研究成果を述べていました。

「お金から幸せを得るには、消費とは全く反対のことをすべき」
「物質的な消費よりも、経験を買ったほうが幸福感に長い影響を与える」
「自分のためではなく、人のためにお金を使ったほうが幸福感は高い」
「与える喜びは人間の本質である」

また、ハーバードの幸福学では、「自分の能力を最大限に発揮して生きる」「内なる声に耳を傾ける」「無条件の愛」「天職を見つける」「小さく始めた努力が大きく実を結ぶ」といったことを教えているようです。

いずれも興味深い論点ですが、大川総裁が指摘しているように、幸福の科学でも打ち出されている論点でもあります。

例えば、『常勝の法』（２２８ページ～）には、お金の使い方について、単に消費してしまうのではなく、自分を高めるための自己投資に使うことを勧める教えがあります。また、他の人が幸福になるためにお金を使うことも、『常勝思考』（１４８ページ～）で勧めています。「与える愛」「無償の愛」は幸福の科学の１９８７年に行われた第一回講演会「幸福の原理」ですでに説かれています（『幸福の原理』58ページ）。最大限の自分を発揮するという論点は、『新・心の探究』（45ページ）に盛り込まれていますし、「内なる声」については、『限りなく優しくあれ』の冒頭で触れています。天職については『仕事と愛』（28ページ～）、小さく始めて大きくするという論点は、『「常勝思考」講義』（33ページ〜）で説かれています。さらに細かく列挙することも可能ですが、キリがないのでこのあたりにしておきます。

ガイダンスとしてのハーバードの幸福学

要するに、アメリカの大学で教えている幸福学の主要論点は、特に目新しいものではないということです。幸福の科学以外でも、アメリカのニューソートや成功哲学に、類似の思想は見られます。

一つ違いがあるとすれば、一つひとつの論点について、統計学などを用いて科学的な裏づけを取ろうとしている点でしょう。昨今の幸福学の流れは、主観的幸福感（Subjective Well-being）と呼ばれる、人々の主観的な生活の評価や幸福感に関する定量的な計測、心理テストの膨大なデータや神経科学の最新の知見を活用したものが多いことが特徴です。例えば、ポジティブな心理状態の時に、脳内でドーパミンやセロトニンといった化学物質が放出されるといった類の研究もなされています。

科学的な裏づけが取れれば、説得力が増すのは確かです。その意味では有意義な研究ですが、特に新しい知見があるわけではありません。そのことは、ハーバード大学の心理学教授のダニエル・ギルバート博士も認めているようです。ハーバード・ビジネス・レビュー誌のインタビューで次のように答えています。

研究の多くは、私たちが以前からそうではないかと思っていたことを追認することになりました。たとえば、一般的に、よい恋愛関係にある人は、そうでない人より幸せです。健康な人は病気の人より幸福ですし、教会に祈りに行く人はそうでない人より幸福です。金持ちは貧しい人より幸せです、というように。

ダニエル・ギルバート「幸福の心理学」

確かに、これらは、私たちの日常的な感覚を科学的に追認したに過ぎません。また、ＮＨＫが紹介した幸福学では、「与える喜び」が結論的な位置づけになっていましたが、幸福の科学では「与える愛」は、入り口の教えです。本題からやや逸《そ》れるので、詳述はしませんが、「与える愛」より高次の愛として、「生かす愛」、さらに「許す愛」「存在の愛」があるという、「愛の発展段階説」を打ち出しています。これは仏教の悟りの理論と、キリスト教の愛の思想を架橋する、思想史上の大発見とも言える理論です。

それと比べると、ハーバードの幸福学は、初心者向きの内容だと言えるかもしれません。大川総裁も次のように述べています。

ハーバードでのこういう学問的試みは、〝幸福学の総本山〟とでもいうべき宗教から見れば、非常に底の浅いものです。あくまでも、「学問を学び始めたばかりの学生にも分かる、ガイダンスレベルでの幸福論である」と言わざるをえないという感触を持っています。

『幸福学概論』17-18ページ

それでは、宗教における「幸福論」について、概観してみましょう。

2　哲学から経営学まで――幸福論の歴史を概観する

そもそも宗教は、実践的に幸福論を説いていた

宗教と一口に言っても、日本の宗教法人だけでも18万もあります。世界にはもっと多くの宗教があります。それぞれ独自の教義があり、様々な神を信仰しています。それを一くくりに説明するのは難しいのですが、一つの共通点として、「宗教とは基本的に、貧・病・争を解決するものだ」（『幸福学概論』19ページ）という考え方があります。

貧・病・争は、苦しみの原因です。

そこで、多くの宗教は、貧しさの苦しみを癒す教えを説いています。

病気治しをする宗教も数多くあります。イエスが病気治しをしたエピソードが『新約聖書』に載っているのは、その象徴です。比較的近年でも、病気治しの奇跡が起こることは報告されています。

例えば、ノーベル生理学・医学賞を受賞したアレクシス・カレル博士は、巡礼団の付き添い医師として、奇跡が起きることで有名なルルドの泉を訪れた時に、死にかけていた少女が祈りの力で治癒した奇跡を目撃し、「祈りは時として、いわば爆発的ともいえる効果をもたらす」と言っています（中村訳，１９８３）。

争いも、家族や職場での争いから、企業間の競争や国家間の戦争までありますが、そこから生じる苦しみを解決するのも、宗教の大きなテーマです。

宗教学でも、宗教に入信する動機を、貧・病・争という〝剝奪状況〟からの解放を求めるものと説明する「剝奪理論」（注２）があります。

このように、貧・病・争の苦しみを解決することが、多くの宗教に共通する課題であることから、大川総裁は、次のように述べています。

「貧・病・争」の解決は、言葉を換えると、「どうすれば不幸な状態から幸福になれるか」ということでしょうから、「貧・病・争」の解決が、宗教の基本的な原理であるならば、「宗教は基本的に幸福論を説いている」と考えてよいと思います。

つまり、教祖の個性や経験を反映した上で独自の教義を編み、活動原理と組織原理を持って、その幸福論を展開していこうとしているのが宗教であって、ある意味で、宗教の活動自体は、「実践幸福論」ともいうべきものであると思います。

『幸福学概論』33 - 34ページ

このように、そもそも宗教は「幸福論」を説き続けてきた存在だとすると、仏教やキリスト教、イスラム教などは、1000年以上にわたって、「幸福とは何か」を探究してきたことになります。

しかも、宗教の幸福論は、机上の空論ではありません。実践を伴っています。


すなわち、「貧・病・争」を中心とする不幸の解決に成功しなかった場合、教勢が伸びることはありません。衰えていったり、消滅していったりすることは数多く見られますので、その厳しさは、「実践論の厳しさ」そのものでもあると考えています。

『幸福学概論』35ページ

この意味で、宗教の幸福論は、近年の心理学的アプローチによる幸福論とは、研究と実践の蓄積において、根本的に異なります。

ただ、現代においては、貧・病・争の解決は、複雑化しつつあります。

貧しさの克服には、仕事論や経営論が必要になってきますし、国家間の争いともなれば、外交論や安全保障論、国際関係論も必要になってきます。従来の宗教では、対応し切れない部分が出てきているのが現状です。

幸福の科学では、仕事や経営の成功理論から、政治外交論まで幅広い教えが説かれていますが、それは大川総裁が「現代的な宗教として比較的大きな力を与えられたる者に課せられた義務の一つ」（『幸福学概論』33ページ）という考えのもとに取り組んでいるものです。これは幸福の科学の宗教としての知的基盤と力量を示すものであり、際立つ特徴になっていると思います。

哲学も、そもそも幸福学だった

そもそも宗教も「幸福論」であったということですが、さらに付け加えれば、哲学も、そもそも「幸福論」であったと言えます。

図6　宗教の一般的な幸福論

■宗教とは基本的に、貧・病・争を解決するもの

貧……貧しさによる悩みや苦しみを解決。

病……病の解決。病気治し。

争……兄弟間、親子間、夫婦間、
友人、職場の同僚、上司部下、
組織対組織、会社対会社、民族対民族、
宗教対宗教における争いを解決。

■宗教の活動は「実践幸福論」

不幸の解決に成功しなかったら、
その宗教は**衰えたり**、**消滅したり**する。
↓
学問や知識として教えるより
シビアさが違う。

「幸福」ということについて、あらためて学問的に点検してみると、学問的文献として、はっきり遺っているもののなかで幸福を正面から捉えたのは、ギリシャの哲学者のアリストテレスでしょう。

ソクラテス、プラトン、アリストテレスという、三人の天才哲学者がギリシャに現れ、特にプラトンとアリストテレスは、自分の学問を数多くの書物に、体系的に著しました。

ただ、体系性という意味においては、アリストテレスのほうが、プラトンよりも一層体系的であると言えます。そういう意味では、現代の学問の流れの源流になっているということが言えるのではないでしょうか。

そのアリストテレス自身が、哲学の目的について、「哲学というのは幸福の探究なのだ。どうすれば人間が幸福になるかを探究する学問が哲学なのだ」ということを述べています。

つまり、哲学は、そもそも「幸福学」であったわけです。

『幸福学概論』37‐38ページ

アリストテレスは、「形而上学《けいじじょうがく》」「倫理学」「政治学」「論理学」「自然学」「生物学」「詩学」等、多岐にわたるテーマで膨大な著作を遺したことから、「万学の祖」と言われる哲学者です。換言すれば、諸学はアリストテレスから分かれていったとみなすこともできます。

アリストテレスは、主著『ニコマコス倫理学』で、「あらゆる人間活動は何らかの『善』を追求しており、最高善は『幸福』である」（高田訳，1971）という趣旨のことを述べています。また、「幸福こそ究極目的」とも指摘しています（高田訳，1973）。『ニコマコス倫理学』は、全体を通じて幸福を探究した本であり、「世界最初の幸福論」とも言われています（新宮，1998）。『弁論術』などの著作でも、幸福について言及しています（注3）。

一般的に、ソクラテス、プラトン、アリストテレスといったギリシャの哲学の祖にあたる人たちは、「幸福の探究」をしたというよりは、「知の探究」をしたというイメージが強いかもしれません。ソクラテスは、「無知の知」（注4）を説いたことで有名ですし、プラトンは一連の著作で、ソクラテスの言行を通して、知を愛することの大切さを説いています。

ギリシャ哲学黎明期《れいめいき》における「幸福」と「知」の関係は、どのようなものであったのでしょうか。大川総裁は次のように解釈しています。

彼らは明確に説いてはいないけれども、要するに、「知を愛する」ということが、「人間として幸福になる」ということだろうし、彼らの言葉によれば、それは「アレテー（aretē）」、すなわち「徳」にもなることであろうと思います。そうした「学徳」に近いものが、知的な人間にとっての幸福論につながると考えていたのでしょう。

『幸福学概論』40ページ

また、アリストテレスの哲学の出発点として、『形而上学』冒頭の「すべての人間は、生まれつき、知ることを欲する」という言葉を引きながら、次のようにも指摘しています。

「知識を求める」という本性を持っているものが人間であり、結局、その過程で幸福を目的として求めるようになるのだということでしょう。そして、幸福を求めるための知識が体系化され、さまざまに発展していって諸学問になるわけです。

『幸福学概論』44ページ

「幸福を求める知識の体系化が諸学問となる」という、極めて重要な指摘です。実際に、アリストテレスの『ニコマコス倫理学』を読むと、そのことが読み取れます。

まず、アリストテレスは、人間の優れたところの活動を卓越性＝徳（アレテー）としました。また、その中でも究極的な卓越性（アレテー）に即しての魂の活動を「幸福」と呼びました。さらに、その幸福の中で、「最も快適なのは、万人の同意するところ、智慧（ソフィア）に即しての活動にほかならない」と言っています。

そして、『ニコマコス倫理学』の結論部分で、「智者こそが最も神に愛されるべきひとなのであり、同じくまた智者が、おもうに、最も幸福なひとでもある」と述べています。

このように、幸福論の探究を知的なアプローチで行っていたのがアリストテレスです。アリストテレスは諸学の源流に立つ人ですから、幸福学はいわば最古の学問だと言えます。

図7　アリストテレスの幸福論

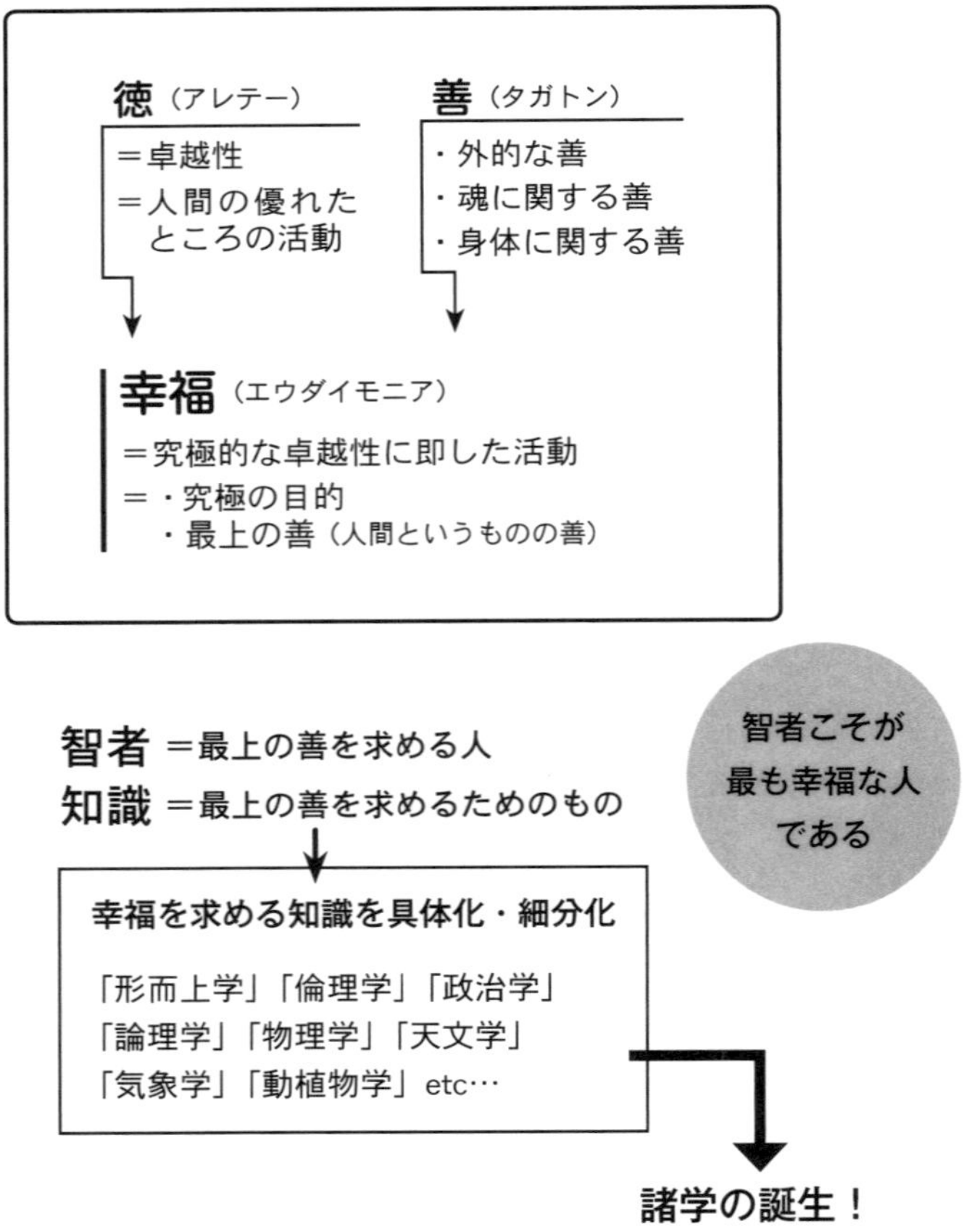

徳（アレテー）
＝卓越性
＝人間の優れたところの活動
善（タガトン）
・外的な善
・魂に関する善
・身体に関する善
幸福（エウダイモニア）
＝究極的な卓越性に即した活動
＝・究極の目的
・最上の善（人間というものの善）
智者＝最上の善を求める人
知識＝最上の善を求めるためのもの
智者こそが最も幸福な人である
幸福を求める知識を具体化・細分化
「形而上学」「倫理学」「政治学」
「論理学」「物理学」「天文学」
「気象学」「動植物学」etc…
諸学の誕生！

思想家・哲学者はみんな幸福について探究した

ちなみに、アリストテレス以降も、思想家や哲学者などが、幸福について、それぞれ原語《げんご》は異なりますが、様々に論じ続けています。

セネカ「真の幸福は徳のなかに存している」（茂手木訳，１９８０）。

ゲーテ「欠点を改め、あやまちを償うことは、最高の幸福である」（高橋訳，１９９１）

ルソー「魂が十分に強固な地盤をみいだして、そこにすっかり安住し、そこに自らの全存在を集中して、過去を呼び起こす必要もなく未来を思いわずらう必要ない状態（略）、こういう状態がつづくかぎり、そこにある人は幸福な人と呼ぶことができよう」（今野訳，１９６０）

カント「自分自身の幸福を確保することは、義務である」（篠田訳，１９６０）

ヘーゲル「神こそ真に価値あるものと考えられるかぎりで、神への奉仕の指示を果たした報酬として、幸福にあずかることもできるのである」（長谷川訳，1998）

ベンサム「すべての法律の目的は、社会の幸福の総計を増大させ、害悪を除去することである」（山下訳，1967）

アメリカ独立宣言「われわれは、自明の真理として、すべての人は平等に造られ、造物主によって、一定の奪いがたい天賦の権利を付与され、そのなかに生命、自由および幸福の追求の含まれることを信ずる」（高木他訳，1957）

西田幾多郎「人生の目的は幸福である」（西田，1950）

経営学も幸福学の一種だった

さて、アリストテレスの「幸福学」としての哲学が諸学を生み出していったのであれば、現代の学問はどうでしょうか。

現代にあるさまざまな学問自体は、言い換えれば、人間が幸福になるための手段として、それぞれの専門領域における学問的な積み重ねをしたものであるのです。

例えば、「馬に乗るよりも早く目的地に着きたい。時間を短縮して有効に生きたい。あるいは、仕事をしたい」という人の願いを叶えることは、その人にとっての幸福を意味します。しかし、そのためには、電車の発明があったり、船の発明があったり、飛行機の発明があったりするわけです。そのように、工学部的なものであっても、知識を絡めての「幸福論の具体化」と考えることができるでしょう。

『幸福学概論』45 - 46ページ

幸福学の具体化としての現代の象徴的な学問に、「経営学」があります。大川総裁も、『幸福学概論』の中で、幸福論としての文脈で、テイラーやドラッカー、マグレガーの理論を紹介しています。

経営学説や経営思想の歴史を記した本を読むと、多くの場合、テイラーの記述から始まります。テイラーは「科学的管理法」という工場の生産性を上げるための工夫を研究した人ですが、「マネジメントの目的は何より、『限りない繁栄』をもたらし、併せて、働き手に『最大限の豊かさ』を届けることであるべきだ」（有賀訳，２００９）と言っています。

有名なドラッカーも、最初の経営に関する本である『企業とは何か』で、「企業とは社会の要求を満たすべき組織の一つである」（上田訳，２００８）と述べています。

また、「X理論、Y理論」（注５）で知られるマグレガーは、「もし人類が才能を発揮して、この地球を破壊しないうちに、平和に暮らすことができる世界をつくり出す方法を発見できれば、次の半世紀には人類史上で最も劇的な社会的変革が起こることになろう」（マグレガー，1970）と言っています。

黎明期の経営学を支えた人たちが口をそろえて豊かさの実現をうたっているわけですが、宗教が担ってきた「貧・病・争」の解決のうちの「貧」の部分を経営学は担ってきたと読み解くことが可能です。

大川総裁は、他にも成功の思想を体系化したナポレオン・ヒルや経営の神様と言われた松下幸之助、さらにドラッカーが尊敬したと言われる明治期の実業家・渋沢栄一の例も出しています。

とりわけ、松下幸之助は象徴的です。天理教の視察をきっかけに「水道哲学」（注6）という経営理念を打ち立てたことで知られるほど、宗教的な経営者でしたが、後半生では繁栄、幸福、平和の実現を目的としたＰＨＰ（Peace and Happiness through Prosperity）運動を唱導《しょうどう》しています。貧しさの克服を中心に幸福の実現について研究し、実践した人物だったと言えます。

哲学は諸学のうちでも最も古い学問の一つだと言えますが、一方で経営学は最も新しい学問の一つでもあります。その両者が、実は「幸福学」であったということです。

図8　幸福論を説いていた経営学の碩学たち

フレデリック・テイラー（1856-1915）

マネジメントの目的は何より、『限りない繁栄』をもたらし、併せて、働き手に『最大限の豊かさ』を届けることであるべきだ。

――『科学的管理法』

P. F. ドラッカー（1909-2005）

企業とは社会の要求を満たすべき組織の一つである。

――『企業とは何か』

DIAMOND online（http://diamond.jp/articles/-/4243）より

ダグラス・マグレガー（1906-1964）

普通の人間の創造力、生産性に対する能力は、これまでわかっているよりははるかに大きい。もし人類が才能を発揮して、この地球を破壊しないうちに、平和に暮らすことができる世界をつくり出す方法を発見できれば、次の半世紀には人類史上で最も劇的な社会的変革が起こることになろう。

――『企業の人間的側面』

3　歪められた幸福論

学問として「幸福学」を成立させることの難しさ

哲学も、宗教も、本来、幸福に関する理論であり、実践論であったという話ですが、大川総裁が「幸福学」を提唱しているのは、「であるならば、幸福の科学で説かれている仏法真理を通じて、諸学における幸福論を整理してみよう」ということです。

ところが、宗教と哲学を幸福という一つのお皿に乗せて学問化することの意義は、広く理解されているとは言えないのが現状です。大川総裁も次のように指摘しています。

このへんの宗教的な考え方については、さまざまな偏見や先入観が多いので、理解が難しいものはあるかと思います。こうしたことを理解するには幅広い教養と専門知識が必要となるため、その意味では、幸福の科学が述べているところの「幸福学」というものを学問として確立するのは、知的探究としては極めて厳しく難しいものがあるでしょう。

『幸福学概論』68ページ

また、近代の学問は、宗教的なものを外してきたことで発展してきたという〝常識〟があることも、宗教的アプローチによる幸福学の成立を妨げています。

大川総裁は、その要因として、アリストテレスやデカルト、カントを採り上げます。

アリストテレスは、哲学を細かく分類して諸学の源流を生み出した人で、死後の世界やアトランティス大陸の存在など神秘的な記述の多かった師のプラトンと比べて、合理的で科学的な人という印象を与えています。

デカルトは、『省察』や『情念論』（山田訳，2006／谷川訳，2008）で、霊肉二元論を展開し、近代哲学の祖となりました。

カントは、主著の一つである『純粋理性批判』で、「我々の一切の認識は、感性に始まって悟性に進み、ついに理性に終る」と、理性が「最高の認識能力」であることを主張し（篠田訳，1961）、近代学問の啓蒙化に成功したと評されました。

ざっくり言って、本来、幸福を総合的に研究する学問であった哲学が、分類と分析を繰り返すことで、次第に、霊的なもの、神秘的なもの、宗教的なものが切り離されていき、いつの間にか「宗教的なものは科学的・学問的ではない」という理解が進んでいったものと思われます。

しかし、その主要因となったアリストテレスやデカルト、カント自身は、決して霊的なものや宗教的なものを否定していませんでした。

アリストテレスは、『形而上学』の中で、「霊魂が第一の実体〔形相〕であり、肉体が質料であり、そして人間または動物はこれら両者から成る普遍的な意味での結合体である、ということも明白である」と述べています（出訳，1959）。

デカルトは、『方法序説』の中で、「もし世界に何らかの物体、あるいは知性的存在者（たとえば天使）、あるいは他の本性があって、それらが完全無欠ではないとすれば、それらの存在は神の力に依存しているにちがいなく、そうなると神なしには一瞬間たりとも存続できない」（谷川訳，1997）と指摘しています。

カントは、有名な三批判書（注7）の中で繰り返し「神」や「霊魂の不死」について論じていますし、「私を導いたものは、良心に恥じることなくまたキリスト教にたいして真の尊敬をもつということでした」（坂部，2001、注8）とも言っています。

したがって、アリストテレスやデカルト、カントらは本心では宗教を切り離そ

図9　霊的なものや宗教を否定しなかった知の巨人たち

**霊魂が
第一の実体だ**

アリストテレス（BC383-BC322）

**神なしに
一瞬間たりとも
存続できない**

ルネ・デカルト（1596-1650）

**キリスト教にたいして
真の尊敬をもっている**

イマニエル・カント（1724-1804）

うとしたわけではなく、「宗教＝学問的ではない」という考え方は、誤解であると言えます。

〝神〟を追い出した学問がもたらしたもの

しかし、この〝誤解〟は、〝誤解〟では済まされないほどの副作用を歴史にもたらします。大川総裁は、近代の啓蒙思想の歪みを次のように指摘します。

その結果、そうした啓蒙思想が早くも一人歩きをし始め、カント哲学が出てからほどない一七八九年には、フランス革命が起きています。

もちろん、フランス革命には善悪の両面が揃っており、「自由・平等・博愛」のなかには現代の民主主義につながるよきものも存在すると同時に、その「自由・平等・博愛」を唱えたフランス革命における凄惨な虐殺、特に王侯貴族に対してギロチンを伴う大量粛清が行われたことは、人類史の暗い一面を表していると考えます。

その結果として来たものは何かといえば、「ナポレオンの登場」でした。君主、国王を廃止したところ、軍事的に天下統一をしたナポレオンが皇帝として君臨し、帝政が開かれたわけです。

しかし、帝政も属人的な性質をそうとう持っているため、「その人が成功するか失敗するか次第」ということもありますし、また、「他国との戦争に敗れればそれまで」という面もあって、長く続くことはありませんでした。

その後、フランスでは反革命が起きて君主制が戻ってきたり、最後には共和制が成立したりといった、試行錯誤を繰り返しています。

これもすべて、カントの哲学において「理性が最高だ」と考えたがゆえに、神の領域が一切〝カット〟された面はあると考えます。

『幸福学概論』75 - 77ページ

フランス革命が世界史上、最も重要な事件の一つとなっているのは、政治と宗教の関係に大きな変化をもたらしたからです。

大川総裁も指摘しているように（注9）、王制の背景には「王権神授説」という考え方があります（注10）。王侯貴族をギロチンにかけてしまったフランス革命は、王権神授説の否定を通して、事実上、政治の世界から神の領域をなくしてしまった部分があるわけです。

もちろん、革命の背景には、国民を苦しめる暴虐な支配者が存在していたという現実がありました。また、革命によって、王侯貴族の生まれでなくても、能力と努力によって、統治者になれるチャンスが生まれたという素晴らしい成果もありましたから、一概に否定できません。

しかし、フランス革命には、気に入らない統治者がいれば、ギロチンにかけて殺してしまえるという恐ろしい考え方が潜んでいます。実際に大量粛清が起きました。にもかかわらず、「自由・平等・博愛」という大義の下に民主主義を生み出した面がクローズアップされたために、その暗黒面が覆い隠されてしまったところがあります。

ロシア革命をはじめとする共産主義革命も似た構造があります。唯物論を前提としていますから、宗教を否定した上で、王侯貴族だけでなく富裕層も否定しました。しかも暴力革命を肯定しています。そのため、平等な世の中をつくるというユートピア思想とは裏腹に、実際に多くの血が流れることになりました。「鉄の女」と言われたイギリスのサッチャー元首相は、「一七八九年の出来事は政治における永久の幻想を意味する。フランス革命は（中略）ユートピア的な幻想であった。多くの意味でそれは、より悲惨であった一九一七年のボルシェビキ革命に先鞭《せんべん》をつけたのである」（サッチャー，１９９３）と述べています。

理性万能主義や、神を否定する思想は、歴史の中で大きな不幸を生み出してきたと言えます。その意味で、幸福論の歴史としての諸学の流れは、学問の対象から宗教を外した近代啓蒙思想の出現あたりから、曲がり始めたという印象があります。

広い視野で諸学をとりまとめていく宗教の幸福論

そもそも、歴史的に見れば、宗教自体が学問的先進性を象徴していた時期のほうが長かったと言えます。飛鳥時代に日本に仏教が入ってきた時には、仏教理論自体が先進的な学問であり、最新の建築・工芸技術も同時に流入してきました（萩野，１９２７）。戦国時代にキリスト教が伝来した時も、鉄砲や印刷技術、医学も一緒にもたらされました。宗教と学問や先端技術は元々親和性があったわけです。

宗教の「幸福論」は、家庭教育から学校教育の領野まで、その視野を広げていくことになるとも考えています。

したがって、そのような学問的視野において出てきたさまざまな考え方について、幸福論的観点から「幸福学」として研究し、取りまとめていく作業は、極めてアカデミックな作業にもなりうるものであって、大学において長期にわたって研究を積み重ねていかなければ、そうした人類史上の裏付けを取り付けることはできないのではないかと、私は危惧しているのです。

『幸福学概論』82 - 83ページ

その意味で、現代においても宗教を一つの触媒として、最先端の学問を切り拓いたり、新たな繁栄を実現したりすることは可能だと思います。

4　日本の歴史認識を見直す

暗黒史観、自虐史観で日本の国民は幸せになれるか

では、今後、新しく「幸福学」を再構築しようとするにあたって、具体的にどのような作業が必要になるのでしょうか。大川総裁は『幸福学概論』の後半で、「日本の『歴史認識』を見直す」ことを重要論点として挙げています。

歴史論がなぜ幸福論になるのか一見不思議に思えるかもしれません。しかし、自分が生まれた国に自信と誇りを持つことは、幸福の根拠の一つになり得ると思います。

例えば、日本青少年研究所の「中学生・高校生の生活と意識・調査報告書」（図

10）によると、「自分はダメな人間だと思う」という高校生は65・8％に及んでいます。アメリカ人は21・6％、中国人は12・7％です。日本人は他国と比べてひと際《きわ》、自信がないことがデータで明らかになっています。この自己肯定感の欠如が、成人してからの自信や覇気のなさにつながっているのです。この原因の一つになっているのが、自虐的な歴史認識であることは間違いありません。

日本では、「第二次世界大戦で、天皇を中心とするファシズム体制の中で、勝てもしない戦争に国民を引きずり込み、アジアを侵略し、大量虐殺を行った」などと考える自虐史観が広く信じられています。しかし、両親や祖父母が犯罪者であったと信じることは、あまり幸福な生き方とは言えません。いわんや侵略や虐殺があったと言われる根拠が、実は根拠なき捏造であるなら尚更です。本論ではないので深く立ち入りませんが、そこには何か国民全体を不幸に導く思想があるように思います。

大川総裁は、戦後に生じた〝暗黒史観〟とも言うべき歴史認識の原因の一つと

図10　7割近い日本の高校生が「自分はダメな人間だ」と思っている

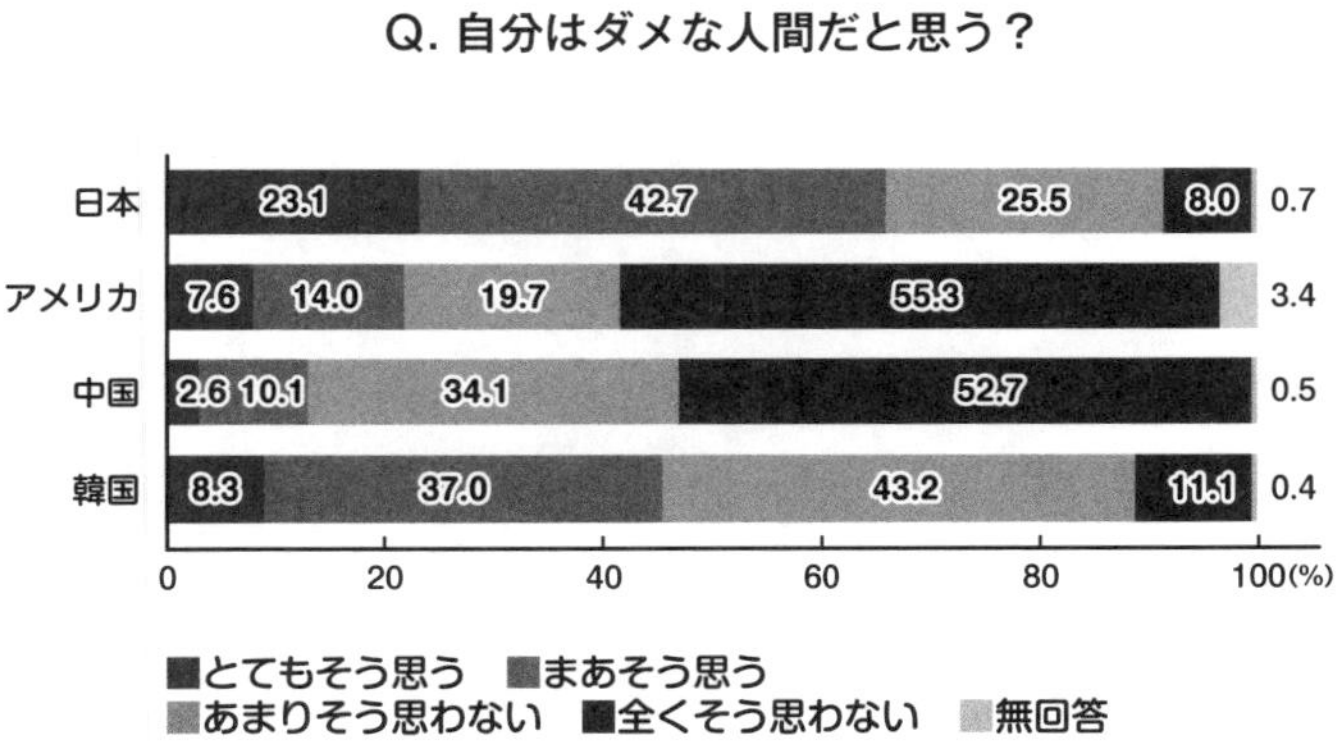

出所：ベネッセ教育総合研究所ホームページ

して、丸山眞男《まさお》の影響を指摘します。

丸山眞男という、東大の法学部の政治学の助教授が、「日本の天皇制ファシズムは、ヨーロッパにおけるヒットラーのナチズムやイタリアにおけるムッソリーニのファシズムなどと同じようなものだ」というようなことを書き、その論文が、戦後、一躍認められて時代の寵児《ちょうじ》となり、約二十年以上、オピニオンリーダー的な存在であって、学問を引っ張ってきました。

また、これは、政治学の見解になったり、教育学のほうにも大きく影響したりしておりますが、日本の歴史は、現行の天皇制だけから見てはいけないのであって、もっと以前の、二千何百年も前から遡って検証されなければいけないわけです。

『幸福学概論』109・110ページ

丸山眞男自身は、60年安保闘争以降は、表舞台から姿を消しましたが、影響を受けた東大の学者には、篠原一《しのはらはじめ》（注11）、福田歓一《かんいち》、坂本義和《よしかず》、京極純一《きょうごくじゅんいち》など、著名な政治学者が並んでおり、その影響力は現在でも大きなものがあります。つまり、弟子筋、孫弟子筋による社会主義・共産主義に親和的な言論活動によって、今なお、日本は自国の歴史に自信を持ち得ないでいる部分があるわけです。

しかし、大川総裁は、自国の歴史を考えるにあたって、第二次世界大戦の前後だけで考えるのではなく、二千数百年もの歴史を有するという、長期的・大局的文脈で検証すべきだと主張します。

世界史でも燦然《さんぜん》と光を放つ日本の歴史

日本の天皇は、初代の神武《じんむ》天皇から数えて今上天皇で125代目となります。言うまでもなく世界最古の王室（皇室）です。少なくとも聖徳太子の時代以降、王朝の交代が一度もないという稀有な国です。先の大戦で戦ったアメリカは、1776年に独立した新興国家で200年余りの歴史しかありません。隣の中華人民共和国に至っては、1949年に成立した国ですから、わずか60年余りの歴史です。

日本の歴史がこれだけ長く続いているのは、一度も外国に侵略されなかったということの他に、誰も皇室を革命によって滅ぼさなかったということでもあります。これは、夏《か》の桀王《けつおう》や殷《いん》の紂王《ちゅうおう》（注12）のような、命を賭けてでも滅ぼすべき悪逆非道な王がいなかったということです。換言すれば、徳の高い統治者が皇室から出続けたということです。

先の大戦でも、日本軍がアジア各地で軍事行動を起こした背景には、欧米による植民地支配からの解放という大義名分もありました。1943年に開かれた大東亜会議では、日本は人種差別の撤廃も打ち出しています（注13）。日本軍自体は戦争に敗れましたが、戦後、植民地解放という目的そのものは実現していますし、

郵便はがき

料金受取人払郵便

赤坂局承認

6467

差出有効期間
平成28年5月
5日まで
(切手不要)

1078790

112

東京都港区赤坂2丁目10−14
幸福の科学出版（株）
愛読者アンケート係 行

ご購読ありがとうございました。お手数ですが、今回ご購読いただいた書籍名をご記入ください。

書籍名		

フリガナ お名前	男・女	歳
ご住所 〒 都道府県		
お電話（ ）−		
e-mail アドレス		
ご職業 ①会社員 ②会社役員 ③経営者 ④公務員 ⑤教員・研究者 ⑥自営業 ⑦主婦 ⑧学生 ⑨パート・アルバイト ⑩他（ ）		

ご記入いただきました個人情報については、同意なく他の目的で使用することはございません。ご協力ありがとうございました。

愛読者プレゼント☆アンケート

ご購読ありがとうございました。今後の参考とさせていただきますので、下記の質問にお答えください。抽選で幸福の科学出版の書籍・雑誌をプレゼント致します。(発表は発送をもってかえさせていただきます)

1 本書をお読みになったご感想
(なお、ご感想を匿名にて広告等に掲載させていただくことがございます)

2 本書をお求めの理由は何ですか。

①書名にひかれて　②表紙デザインが気に入った　③内容に興味を持った

3 本書をどのようにお知りになりましたか。

①新聞広告を見て [新聞名：　]
②書店で見て　③人に勧められて　④月刊「ザ・リバティ」
⑤月刊「アー・ユー・ハッピー？」　⑥幸福の科学の小冊子
⑦ラジオ番組「天使のモーニングコール」　⑧幸福の科学出版のホームページ
⑨その他 (　)

4 本書をどちらで購入されましたか。

①書店　②インターネット（サイト名　）
③その他 (　)

5 今後、弊社発行のメールマガジンをお送りしてもよろしいですか。

はい (e-mailアドレス　)・いいえ

6 今後、読者モニターとして、お電話等でご意見をお伺いしてもよろしいですか。(謝礼として、図書カード等をお送り致します)

はい・いいえ

弊社より新刊情報、DMを送らせていただきます。新刊情報、DMを希望されない方は右記にチェックをお願いします。　□DMを希望しない

人種差別撤廃もキング牧師の公民権運動や南アフリカの反アパルトヘイト運動の先駆けだったとも言えます。

渡部昇一氏も「結果として、全アジア、そして全世界が独立し、その波はアメリカの黒人の市民権獲得運動にまでおよんだ。これは厳然たる結果である」と述べています（渡部，1995）。

こうした歴史を振り返ってみると、行き過ぎた自虐史観については、認識を改める必要があると感じます。

私は、「日本の国は、かつてのギリシャやローマに、決して見劣りすることのない、歴史的に素晴らしいものを持った国だ」と思います。

『幸福学概論』118-119ページ

日本にいると、その世界史的位置づけがなかなか分からないものですが、すでに戦後70年が経過しようとしている中で、そろそろ自信を回復してもよい頃ではないでしょうか。

大川総裁は数学者として有名な岡潔《おかきよし》の対談本にある「枢軸《すうじく》の時代(Achsenzeit)」に関するやりとりを例に挙げます。

「枢軸の時代」とは、カール・ヤスパースの『歴史の起原と目標』に出てくる言葉で、紀元前５００年を中心とする前後３００年ほどの時代に、仏陀、孔子、老子、墨子、荘子、ソクラテス、プラトン、アリストテレスがほぼ同時期に登場したという驚くべき現象を指す言葉です。

「枢軸」という表現は非常に難しい言葉ですが、元々「回転軸」という意味で、転じて「物事の中心」という意味で使われるようになりました。紀元前５００年を中心軸として、ぐるっと世界の歴史が動いたということでしょう。

岡潔の対談本では、「日本民族はちょうどヤスパースのいう枢軸時代に、天皇という政治的芸術品を創造した。孔子や釈迦やプラトンにおとらぬ叡智です」(岡他,

１９６８）と、日本にも枢軸にふさわしい評価を与えています。

大川総裁は、こうした考えに対して、「私にも、同じようなことを感じる面が多々ある」（『幸福学概論』１２７ページ）と述べています。

世界に誇る日本型資本主義の精神

さらに、経済における歴史認識にも、改めるべき点があります。「資本主義の原理」の理解についてです。

一般的な理解として、日本は明治維新以降、西洋で発達した資本主義の原理を導入して近代化を図ったという考え方があります。そして、西洋の資本主義の原理の説明をマックス・ヴェーバーの『プロテスタンティズムの倫理と資本主義の精神』に求めるでしょう。大川総裁は、その思想を次のように要約します。

図11　ギリシャ、ローマ、そして日本――世界に誇る日本の歴史

■ 世界最古の王室（皇室）

日本 初代・神武…………明治―大正―昭和―125代・今上天皇

アメリカ 1776年独立

中華人民共和国 1949年建国

■ 大東亜戦争で東アジアの植民地を解放した

日本は、アジアを支配していた欧米の植民地政府を次々と打破。
フィリピン、ビルマなどを解放。
この流れは戦後も止まらず、続々と植民地が独立した。

■ 人種差別撤廃を世界に先駆けて打ち出した

1919年―**パリ講和会議で人種差別撤廃を提案。**
1943年―**大東亜会議でも、人種差別撤廃を訴えた。**

（マックス・ヴェーバーは）「プロテスタントのなかで資本主義が起きたのは、やはり、『世俗内的禁欲と同時に、蓄財をし、汗を流して働き、そして、神の栄光を地上に現すことこそ、キリスト教徒の使命なのだ』ということをプロテスタントが考えるようになったからだ。それによって、この世的な発展・繁栄が許されることになり、原始キリスト教の束縛である、『清貧でなければ神の側近くには行けない』というような考え方、呪縛からも離れて、産業革命も起き、近代的な富の蓄積、巨大資本の成立があったのだ。そういう意味では、それは、キリスト教国にのみ起き、今では、資本主義として、ほかのところに移っているのだ」というようなことを書いているわけです。

『幸福学概論』129-130ページ

しかし、大川総裁は、資本主義の精神は、プロテスタント国特有のものではなく、日本にも独自に資本主義の精神が発達したと指摘します。その事例として、二宮尊徳、渋沢栄一、石田梅岩《ばいがん》、山田方谷《ほうこく》の名前を挙げます。いずれも、経営思想家であると同時に実践家でもありました。

二宮尊徳は江戸後期の農政家ですが、勤勉と節制、工夫によって貧しさから身を起こし、武家や幕領の財政再建に辣腕《らつわん》をふるった人物です。二宮尊徳が財政再建や経営指導を行った地域は６００カ村に及ぶと言われます。神道と仏教と儒教を融合した独自の報徳思想を編み出し、宗教的精神と経済の一致を説きました（斉藤，２０１２）。

渋沢栄一は、「日本の資本主義の父」と言われる人物で、５００以上の企業の設立に関わったと言われます。主著『論語と算盤』に象徴されるように儒教的精神を軸に道徳経済合一説を打ち出したことで知られています（渋沢，２００８）。

石田梅岩は、江戸中期の経済思想家で、町人を相手にした私塾で商人の道徳を説きました。その教えは石門心学と言われ、全国に広がりました（加藤訳，１９７２）。

山田方谷は、幕末の陽明学者で、備中松山藩の財政再建に活躍した人で、備中聖人と称せられるほど尊敬を集めました（矢吹，1996）。「財は天下に広めて天下万民のために使わなければ、本当に財を生んだことにはならない」という財政観を持っていた人です（山田方谷に学ぶ会，2010）。先に述べた渋沢栄一は山田方谷の孫弟子に当たります。

山本七平の『勤勉の哲学』では、日本の資本主義を先取りした人物として石田梅岩に加えて、江戸初期の禅僧の鈴木正三《しょうさん》も紹介しています。

いずれも、世界史の舞台に乗せても恥ずかしくない優れた人たちです。渋沢栄一などは、かのドラッカーをして「経営の『社会的責任』について論じた歴史的人物の中で、かの偉大な明治を築いた人物の一人である渋沢栄一の右に出るものを知らない」と言わしめるほどです。

宗教的精神と資本主義の精神を思想面・実践面で融合させた人物が江戸時代から続々と輩出しているわけで、彼らの「豊かさ」という切り口での幸福論を研究

図12　世界に負けていない日本の資本主義の精神

石田梅岩（1685-1744）

「商人であっても、聖人の道を知らなければ、同じように財産をつくりながら、正しくない金をもうけるので、やがてはその家の子孫も絶えることになるでしょう。ほんとうに子孫を愛するならば、正しい道を学んだうえで栄えなければなりません」――『都鄙問答《とひもんどう》』

二宮尊徳（1787-1856）

「富貴貧賤の原因は、天にあるのでもなく、地にあるのでもなく、また国家にあるものでもなく、ただ人々の一心にあるのだ。身を修めて人を治める者は富貴を得、怠惰で人に治められる者は貧賤を免れない」――『二宮先生語録』

山田方谷（1805-1877）

「財は天下に広めて天下万民のために使わなければ、本当に財を生んだことにはならない」――『山田方谷のことば』

渋沢栄一（1840-1931）

「富を造るという一面には、常に社会的恩誼あるを思い、徳義上の義務として社会に尽くすことを忘れてはならぬ」――『論語と算盤』

することは、現在の日本や世界にとっても有益であるはずです。

宗教と民主主義は対立しない

さらに、宗教と民主主義の関わりも、幸福論の大きなテーマとなります。

宗教に対して、特にユダヤ教、キリスト教、イスラム教などの一神教に関しては、排他的で統制的で抑圧的なイメージを持つ人は多いと思います。しかし、大川総裁は、『幸福学概論』の中で、三つの論拠により、「宗教と民主主義は両立する」ことを示しています。

一つは古代ユダヤです。大川総裁が指摘するように、マックス・ヴェーバーの『古代ユダヤ教』に興味深い記述があります。紀元前6世紀のバビロン捕囚前にエレミヤなどの預言者が活躍した時期を描写しているのですが、彼らは広場や街頭で聴衆に向かって公然と語りかけ、時には神託で授かった言葉のままに権力者への批判も行ったと書いてあります。ヴェーバーは彼らを「政治的民衆煽動家」「政治的弾劾文筆家」と表現しました。また、その行為を、「現代のデマゴーグが言論・出版の自由を要求するばあいとほぼ同一のことであった」（大塚訳，1996）とも述べています。古代ユダヤにおいて、このような〝預言の自由〟が許されていたという事実は驚くべきものがあります。当時、複数の預言者がいて、それぞれ異なる内容のメッセージを民衆に伝えていたそうです。ユダヤ教は一神教ですが、だからといって言論の自由がまったくなかったわけではないのです。

二つ目は現代のアメリカです。アメリカはプロテスタントの国です。湾岸戦争やイラク戦争を見ても、他の宗教に対して強い排他性を持つ印象があります。しかし、国内を見れば、信教の自由の下で、多くの移民が集い、多くの民族、多くの宗教の信者が共存しています。その結果、独特の熱気が生じて力強い繁栄を実現しています。その様子を目の当たりにした松下幸之助が「民主主義は繁栄主義だ」（松下，1992）と喝破《かっぱ》したわけです。この理屈の背景を大川総裁は次のように解説しています。

なぜ繁栄するかというと、万人の持っている才能を生かし切ることができるからです。生まれによらず、あるいは学歴によらず、職種によらず、どんなところからでも、努力と才能を生かして人材は出てきます。ですから、農民の子が医者になっても構わないし、農民の子が大実業家になっても構わない。一代でなっても構わないし、政治家になっても大統領になっても構わない。これがアメリカの強さなのだということを、松下幸之助氏は述べているわけです。

『幸福学概論』139ページ

このアメリカの繁栄の事例から、大川総裁は「宗教的多元性も認めなければならない」（『幸福学概論』140ページ）と言います。そして、「『宗教的多元性』

と『民主主義の原理』は非常に相性がよく、かつ、国民を活性化し、才能ある人を発掘するのに極めて有利な制度であり、そういう人が次々と出てくる制度であるわけです」（『幸福学概論』１４１ページ）と指摘しています。

三つめは、日本です。日本でも様々な宗教が共存できています。その理由として、大川総裁は「天皇が、才能においてではなく、『徳』において人々を治めていた」（『幸福学概論』１４２ページ）ことを挙げます。天皇の下で、その時代において実力のある人が幕府を開き、堕落したり腐敗したりすれば、別の人が幕府を開くという形で、才能のある人が次々と出てくる仕組みになっています。

また、宗教的に見ても他の宗教と共存できるという特性があります。仏教が日本に入ってきた時には、聖徳太子の時代に一度だけ崇仏派と排仏派との間で戦争になりましたが、以後は、廃仏毀釈《はいぶつきしゃく》もありましたが、概ね融和して現在に至っています。同じ敷地にお寺と神社があっても不思議に思わないという日本の宗教文化は独特のものですが、日本の繁栄をもたらした一因になっていると言えます。

図13　宗教と民主主義は対立しない実例

エレミア

古代ユダヤ

一神教のユダヤ教を報じるユダヤ王国では、預言者が広場で大衆に向かって自由に神託の内容を訴えていた。

アメリカ

プロテスタントの国だが、信教の自由の下、多宗教・多民族の人々が集まって繁栄している。

日　本

天皇の下で、才能のある人が次々と出てくる。

聖徳太子、源頼朝、徳川家康、西郷隆盛、
木戸孝允、山県有朋　etc.

未来に向かう幸福学

要するに、宗教と民主主義と繁栄とは矛盾するものではないということです。したがって、今後、「幸福学」を研究していくにあたっては、宗教思想や哲学としての幸福論だけでなく、政治原理や経済原理も含めて、総合的に考えていく必要があります。さらに、医学や科学技術についても合わせて論じていく必要があるでしょう。

その意味では、アリストテレスやソクラテスの時代に戻って、諸学の源としての幸福論を探究しつつ、現代的な課題についても答えを示す方法を考えていく必要があります。大川総裁は、幸福の科学が求めるべき「幸福学」について、次のように述べています。

したがって、「知恵がある」と思っている者、「知識がある」と思っている者に対して、「本物の智慧とは何であるか」ということを問い続けること。ある意味では、ジャーナリスティックにも探究し続けること。これが、現代的宗教に与えられた課題だと考えています。

幸福の科学は、ジャーナリズムにも、多大な影響を与えている宗教です。そういう意味において、われらが説く「幸福学」とは、「人生万般《ばんぱん》、あるいは、会社を含め、組織、社会全般、そして、国家全般、さらには、国家間、世界レベルでの幸福とは何か、平和とは何なのか。そして、目指すべき未来とは何であるのか」という大きなテーマも含んだ「幸福学」であると言うことができると思います。

『幸福学概論』151-152ページ

つまり、現在を生きる人々を幸福にするためにはどうすればよいのか、未来に訪れる人類の課題をどう解決していけばよいのかを考える学問が、大川総裁の説く真なる「幸福学」であるのです。

その基本的な考え方を示したのが、本章で繰り返し引用してきた『幸福学概論』です。この一書から新時代の「幸福学」が始まっていくのです。

（注1）『幸福学概論』まえがきに、「幸福の科学において私が説いてきた二千数百本の説法、及び、国内外（教団内外）で発刊された累計千六百冊以上の書物は、ほぼ全て、『幸福学』、及び『幸福論』に関わるものである」とある。

（注2）社会学者チャールズ・グロックが提唱した理論で、剝奪には「経済的剝奪」「社会的剝奪」「有機体的剝奪」「倫理的剝奪」「精神的剝奪」の五つの類型があり、それぞれの剝奪がどの宗教の入信と深く関係するかを論じている。

（注3）例えば、『弁論術』第1巻第5章で、「幸福とは、①徳を伴ったよき生、或いは、②生活が自足的であること、或いは、③安定性のある最も快適な生、或いは、④財産が豊かで

体も恵まれた状態にあり、それらを維持し、働かせる能力があること」と定義している。

（注4）「無知の知」は、プラトン著『ソクラテスの弁明』で紹介された次のエピソードに由来する。アポロン神殿のあるデルフォイで「ソクラテスより賢い人間はいない」という神託に対して、ソクラテス自身は疑問を持った。しかし、賢いと言われる人と問答を繰り返した結果、「私も他の人も知識は大したことはないが、他の人たちはそれを自覚していない。自分は、無知を自覚している分だけ、彼らよりも知恵がある」と気づいた。

（注5）X理論とは、労働者は生まれつき怠惰であるという前提で、アメとムチを使って管理すべきだという考え方で、Y理論は、労働者は生まれつき怠惰ということはなく、条件次第で責任を受け入れ、自ら進んで責任を取ろうとするという考え方。

（注6）松下電器の第一回創業記念日（1932年）で打ち出された松下電器の真使命に次の水道哲学が盛り込まれている。「産業人の使命は貧乏の克服である。そのためには、物資の生産に次ぐ生産をもって富を増大させなければならない。水道の水は加工され価あるものであるが、通行人がこれを飲んでもとがめられない。それは量が多く、価格があま

りにも安いからである。産業人の使命も、水道の水のごとく物資を豊富にかつ廉価に生産提供することである。それによってこの世から貧乏を克服し、人々に幸福をもたらし、楽土を建設することができる。わが社の真の使命もまたそこにある」。

（注7）カントの代表的な著書である『純粋理性批判』『実践理性批判』『判断力批判』の三書。

（注8）『もっぱら理性の境界内での宗教』を書くにあたって知人に宛てた手紙にある言葉。

（注9）『幸福学概論』77ページ。

（注10）『幸福学概論』78ページには、「実は、日本の天皇制も『王権神授説』の一種であると考えてよいのではないでしょうか。天皇家に生まれ、男子に生まれ、できれば嫡男の長子として生まれるのが望ましく、そうならない場合には、歴史上、いろいろと工夫をしてはいますけれども、これも同じような考え方だと思うのです。／日本の場合、天上界というところに高級な霊魂がおられ、中心的な神はいるものの、神々が評定《ひょうじょう》する高天原《たかまがはら》においで選ばれし魂が天皇家に降下《こうげ》し、魂が宿って、生まれによって天皇になるということが、二千六百年以上続いたのではないかと言われています」とある。

（注11）２０１３年６月には篠原一守護霊のインタビューを収録し、『篠原一東大名誉教授「市民の政治学」その後』として刊行されている。

（注12）桀王は中国の夏の最後の帝で、紂王は殷の最後の帝。両者とも、酒の池に船を浮かべて肉を豪華に盛る宴会を催したことで知られる（前者を「肉山《にくざん》脯林《ほりん》」、後者を「酒池《しゅち》肉林《にくりん》」と言う）。暴君の代名詞。

（注13）ちなみに日本は、１９１９年の第一次世界大戦後のパリ講和会議において人種差別撤廃を提案している。国際会議において人種差別撤廃を明確に訴えたのは日本が最初と言われる。

第2章

最終結論としての「幸福とは何か」

――『幸福の科学大学創立者の精神を学ぶⅡ（概論）』を読む

『幸福の科学大学創立者の精神を学ぶⅡ（概論）』
大川隆法著／幸福の科学出版

1　霊的人生観を持つ幸福

大川総裁の幸福論とは

第1章では、諸学の流れを「幸福学」という観点で概観してきました。要するに、すべての学問、すべての宗教は幸福論であった、哲学も幸福論であった、経営学も幸福論であった、幸福を求める知識を体系化したものが諸学問となったのだという話でした。

とはいえ、「すべてが幸福論」では、何をどう学べばよいのか迷うばかりです。

そこで、第2章では、多種多様な幸福論を大胆に整理し、「幸福とは何か」について、〝究極〟とも言える一つの明確な結論を紹介したいと思います。

その答えは、大川隆法総裁の教えの中にあります。

幸福の科学グループの創始者である大川総裁は、幼少の頃から努力を重ねて勉学に励み、二十歳前後になる頃には、日本を代表する哲学者である西田幾多郎《きたろう》の思想と〝対決〟するまでに、真理を深く究めました。また、プラトンやヘーゲル、ハイデガー、ハンナ・アーレント、カール・ヒルティなどの思想の影響も強く受けたと、自身で振り返っています（注1）。

そして1981年3月23日、24歳の時に「大悟」します。自動書記という形で「イイシラセ、イイシラセ」という霊界からのメッセージを受け取ることになったのです。通信を送ってきた相手は、初めが日蓮六老僧の一人、日興《にっこう》で、次いで日蓮となりました。日蓮からは、「人を愛し、人を生かし、人を許せ」「人を信じ、世を信じ、神を信じよ」という言葉を受け取ったと言われます（注2）。

以後、大川総裁は、悪魔との対決を経て、イエス・キリスト、モーセ、孔子をはじめとする高級諸霊との通信（霊言）を重ねていき、自身が人類救済の使命を持つエル・カンターレであることを自覚しました。

その悟りは、イエスや釈尊を超えたと言われます。『復活の法』にはこうあります。

私自身は、すでに、仏教もキリスト教も超えてしまった。歴史上の釈迦やキリストの悟りを超えたという、はっきりした自覚と自信を持っている。

『復活の法』まえがき

それは、教えの中身を詳細に検討すれば明らかでしょう。

古今東西の諸宗教、諸思想、諸学問を手のひらに乗せて、原稿も見ないで自在に説法できる人が、世界で何人いるでしょうか。しかも、2000回以上にわたる説法のすべてが違う内容で、同じ話を二度としていません。そして、ほとんど何も付け足さず、何も削らずに、そのまま経典化できる内容の濃さがあります。

説法の内容は一部を除いて公開され、1600冊以上の書籍となって、いつでも誰でも手に取って、中身を検証することができるようになっています。経典は基本的に話し言葉で書かれていますし、字も大きく編集されていますので、一見、易しく見えるところがあります。しかし、一定の勉強を積み重ねた人が読むと、一つの言葉の背景に膨大な教養があることに気づくはずです。

現実の時事問題に具体的な解決策を与えることもあります。かと思えば、天上界の神々から地獄の亡者まで、相手を選ばず自在に霊言を収録することができます。「霊界の次元構造」や「愛の発展段階説」などの思想の中身を見ても、既存の思想を遥かに凌駕《りょうが》しています。これは、人類史上でも極めて稀なことです。

その大川総裁は、「幸福とは何か」について、どう定義しているでしょうか。

真の幸福の第一段階は「霊的人生観」を持つこと

大川総裁は、『幸福の科学大学創立者の精神を学ぶⅡ（概論）』で、「真の幸福」には三段階あると述べています。

まず、一段階目です。

幸福の第一段階は、「自分が肉体人間だと思わずに、霊的な人生観を持つことができる」ということです。

私が考える意味での幸福感は、ここにあります。

「霊的人生観を持つ」ということは、どういうことかというと、一般的な宗教で言えば、「神や仏などに対する信仰心を持って、日々を生きる」ということ、あるいは、「神の目や天使たちの目を意識して、この何十年かの人生を生きることができる、その『目覚め』を得た」ということです。

これが第一段階の幸福なのではないかと思います。

『幸福の科学大学創立者の精神を学ぶⅡ（概論）』112ページ

幸福の科学においては、「霊的人生観」は基本中の基本の教えです。

霊的人生観とは、死後の生命があり、あの世には天国・地獄があり、その人の心境に応じて住む世界が違ってくるという考え方です。

しかし、今日《こんにち》、明確にあの世があると思って生きている人は、まだ多くありません。そのため、幸福の科学では、様々な形であの世があることを訴えています。「この世限りの人生」という唯物的な考え方からは、結局、幸福になれないからです。

「あの世は存在する。そして、数多くの魂が、この地上に生命《いのち》を持って生まれ変わってきている」ということを認めることができない人たちは、気の毒ではありますが、人生というものを「非常につまらないものだ」と思っているのではないかと私は思うのです。自分自身の人生がつまらなく思えるだけではなく、おそらく他の人の人生もつまらなく見えることでしょう。

なぜならば、そうした人たちは、「人間は、何年か何十年かのちには、死んで土に還《かえ》る存在、二酸化炭素と水に変わってしまう存在だ」と思っているからです。二酸化炭素の成分は炭素と酸素です。炭素は炭と同じ要素でできていますが、それがそれほど尊いものでしょうか。「そうではない」と私は言いたいのです。

唯物論的に「物質のみが存在する」と言い張るのは結構ですが、それは、自分自身に対しても、他の人に対しても、親切なことではありません。なぜなら、その考え方には、「愛」という言葉の生まれてくる余地がどこにもないからです。

愛が生まれてくる原点には、生きているものの尊さに対する無限の信頼があります。「生きているもののすべてが尊い」と思わずに、どうして愛の気持ちが湧き起こってくるでしょうか。地球や、そこに生きている人間が、宇宙の塵《ちり》にも等しい、つまらない存在であるならば、どうして愛が生まれてくるでしょうか。

人間が、そうしたつまらない存在であるならば、この二、三千年、あるいは、それ以上の長きにわたる、文明・文化という名の営み自体が、わずか数十年だけ地上に生きる人間の慰《なぐさ》み事《ごと》にしかすぎないことになってしまいます。すべての宗教や道徳は、また、おそらくは哲学も、虚妄《きょもう》、世迷《よま》い言《ごと》となってしまうでしょう。

みなさんは、自分自身や他人を、そして、生きているものすべてを卑《いや》しめる、そのような思想に、心の底から共鳴できるのでしょうか。私は、それを問いたいのです。

「いや、そうではありません。私は、人間の尊さ、生き物の尊さを信じます。その生命が無限なるものから分かれてきていることを信じます。

人間は、一時の仮の世である、この世だけの存在ではなく、はるかなる世界に永遠のすみかを持つ存在であり、この地上に幾度《いくたび》も生まれ変わってきては、また去っていき、また来たる存在なのです」

このように考えることができる人にとっては、他の人には苦悩に満ちた地上界が、きっとユートピアのごとく見え、まったく違った世界が展開していくでしょう。そのときに初めて、人生というものは、虚しいものではなく、積極的なる意味を持ったものになると思うのです。

『愛、無限』14-16ページ

「あの世があると信じることが幸福につながる」という考え方は、意外とこれまで一般的には説かれていません。仏教では明確に説かれていますが、キリスト教になると少し曖昧《あいまい》になり、儒教になると霊的な教えはほとんどありません。哲学では、さらに霊的人生観は薄れていきます。第1章でも紹介したように、アリストテレスやデカルト、カントらは霊界や神の存在を認めていましたが、来世の幸福を決める心境のあり方について詳細に解き明かしたわけではありません。

いわんや現代は、科学技術や医学の進歩などの影響もあって、あの世も神もないという唯物的な考え方が広がっていますので、「霊的人生観」を信じることはますます困難になっています。

ただ、介護や看護の分野では、要介護の高齢者におけるスピリチュアルニーズの高まりが研究されています。例えば、「スピリチュアリティと幸福」をテーマにした研究では、「生きていてもしようがない」「死後への不安」という切実な苦しみを解消するために、霊的な視点や宗教的な価値観を含めて人生の意味を探求するニーズがあることが確認されています（先端社会研究編集委員会，２００６）。霊的人生観を持つことの価値を実証する研究として、今後もその発展を期待したい動きです。

あの世を信じていない人の不幸

なお、唯物論を信じて生きることの危険性も少し指摘しておきたいと思います。

大川総裁の公開霊言シリーズに、生前、唯物論を信じていた人たちも何人か登場しています。『共産党宣言』『資本論』などで知られるカール・マルクスや、『種の起源』で進化論を説いたチャールズ・ダーウィンなどです。

大川総裁はマルクスの霊を、２０１０年4月4日に招霊しました。１８８３年に死去していますので、亡くなってから130年ほど経過しています。

しかし、霊言では、自分が亡くなって霊になっていることに気づかず、延々と「死んでいる、死んでいない」のやり取りをするという、やや不毛な内容となりました。詳細は、『マルクス・毛沢東のスピリチュアル・メッセージ』に収録されていますので、一読していただければと思います。

ダーウィンは、人は猿から進化したという学説を発表した人です。１８８２年に亡くなっていますが、招霊したら、やはりマルクスと同じように、死んだことに気づいていませんでした。地獄に堕《お》ちたのではなく、生きて暗い洞窟を探検していると思い込んでいる状態でした。

死後の生命を信じていない人は、死んだら意識がなくなるはずだと信じています。しかし、実際には亡くなっても意識はあります。その結果、意識があるという事実をもって、自分はいまだにこの世に生きていると思い込むのです。霊言という形で客観的に見れば、〝迷っている〟だけの状態で、とても幸福には見えません。唯物論を信じていると、死後、不幸になるという、反面教師でもあります。その意味で、マルクスやダーウィンの霊言は、ある意味で一種の「反・幸福論」と言えるかもしれません。

2　愛を与えて生きる幸福

真の幸福の第二段階は「愛を与える生き方」

次に第二段階の幸福です。

第一段階として、「自分自身が、そうした霊的人生観に目覚め、神を信じるようになり、自分自身を振り返る。そういう、天に召されるような善人として生きる」という幸福もありますが、第二段階として、「次のステップ」があります。その「次のステップ」とは何でしょうか。

人間は、これだけ多く何十億人も地上に生まれていますが、「みな、個別バラバラに生まれているように見えながら、神という存在があって、これだけ多くの人を地球の上で養っておられる」ということならば、「その神の思いは、いったい、どこにあるのだろうか」ということを考えなくてはなりません。

それだけ多くの人が生まれ、数が増えることによって、動物たちが食料を争うようなかたちの争いになるだけであれば、残念ながら、多くの人間が生きていることは、神の喜びでもなければ、人間の喜びでもないでしょう。

第二段階のステップとは、「霊的人生観を持った人間が、利他的な考えを持って人生を生きる。あるいは、そういう仕事をする。他の人に対する愛を与える生き方、仏教的に言えば、慈悲を与える生き方を、喜びとすることができるようになる」ということです。

その段階が、第二段階の幸福と考えてよいのではないかと思います。

ここまでいけば、そうとう優れた方だろうと私は思うのです。

『幸福の科学大学創立者の精神を学ぶⅡ（概論）』113-115ページ

真の幸福の二段階目は「愛を与える生き方」です。

与える愛は、前節の霊的人生観と同じく、幸福の科学の基本中の基本となる教えです。幸福の科学の基本教義と言えば、「幸福の原理」です。幸福の原理は、愛・知・反省・発展の四正道《よんしょうどう》のことです。つまり、幸福になるための四つの正しい教えの筆頭に来るのが「愛の原理」です。

一口に愛と言っても、「奪う愛」と「与える愛」の二つがあり、「与える愛」を選びなさいという教えです。

愛の原理のなかには、説くべきことはたくさんありますが、まず、悟りへの一転語《いってんご》として、「みなさんが愛だと思っていることは、実は『奪う愛』ではありませんか。人から貰《もら》うこと、人から取ることを愛だと思っていませんか。そうではないのです。貰うことを考えているから、苦しんでいるのではありませんか」ということを説いたのです。

そういう愛は、昔、原始仏教が「愛」と呼んだ、執着としての愛です。原始仏教では、執着のことを「愛」と呼び、私が教えている「与える愛」のほうは「慈悲」と呼んでいました。当会の愛の教えは執着のほうではなく慈悲の教えなのです。慈悲とは与えきりのものです。見返りを求めない、与えきりの心が慈悲です。

「与える愛」という言い方をしていますが、これは、この世的に分かりやすくするために言った言葉です。（中略）

みなさんは、「愛」と言うと、ほとんどは、好きな男性から愛されること、好きな女性から愛されること、親から愛されること、子供から愛されることなど、愛を貰うことばかりを考えるでしょう。そして、充分に愛を貰えないので悩むのでしょう。これを解決しなければいけません。

みんな、愛が欲しい人ばかりで、与える人がいなかったならば、この世には愛が不足してしまいます。したがって、まず愛の供給をしなくてはいけないのです。それぞれの人が愛の供給をすれば、世の中は愛に満ちてきます。奪うことばかりを考えてはいけないのです。（中略）

したがって、自分のできるところから愛を与えていきましょう。人のためになることをしましょう。自分が幸福になりたいと言う前に、人を幸福にしようとしてごらんなさい。そういう人が増えたら、悩みは自動的に解決していくのです。

『幸福の法』２４６‐２４９ページ

「奪う愛」から「与える愛」への観の転回は、地獄と天国を分けるほどのインパクトがあります。個人を幸福にするだけでなく、幸福を他の人々に広げ、社会をユートピアに変える力があります。

黄金律はどこから導き出されるか

「与える愛」という言い方は、幸福の科学における言い方ですが、「自分のしてほしいことを他の人にも施《ほどこ》す」という黄金律であれば、聞いたことのある人も多いかもしれません。

例えば、聖書には「汝が欲することを他人に施せ」（注3）とあります。論語には、「己の欲せざるところを人に施すことなかれ」（注4）とあります。

近年の成功哲学でも黄金律は前提となっています。例えば、ナポレオン・ヒルの『成功哲学』には、冒頭の「成功の定義」で、「成功とは、他人の権利を尊重し、社会正義に反することなく、自ら価値ありと認めた目標【願望】を、黄金律に従って一つひとつ実現していく過程である」（傍点筆者／田中訳，1996）と書かれています。まともな自己啓発書であれば、たいてい黄金律に触れているものです。

大川総裁も同様に黄金律の大切さは折々に述べているのですが、真の幸福の第一段階である「霊的人生観」との関係を合わせて、次のように解説されています。

悟りというものは広大無辺であり、さまざまな説き方、説明の仕方がありますが、第一点として言えることは、「霊的存在を無視しての悟りはありえない」ということです。それを否定するものは、近現代の間違った思想に毒された宗教解釈、仏教解釈であると言ってよいと思います。

そして、「霊的存在としての自分があり、それはまた、広大な霊的宇宙ともつながっていて、他の霊的存在とも、共につながっているのだ」ということを知らなくてはなりません。

「天国・地獄は外の世界にだけあるわけではなく、自分の心の内にもあるのだ。心はいかようにも動き、心の針は三百六十度、どの方向にも動いて、霊界の、どの世界にも通じていくのだ。また、生きている人間として持っている、その心の針が、他の人とも影響し合っているのだ」ということを知る必要があるのです。

そういう宇宙観を知ったときに、人は、自分を愛するがごとく他を愛さざるをえなくなります。いわゆるゴールデンルール、「自分がしてほしいように、他の人になせ」という黄金律は、ここから導き出されてくるのです。

『大悟の法』２０３‐２０４ページ

幸福の科学教学においては、黄金律は、実はこのような霊的世界の神秘が背景にあって導き出された法則です。通常の黄金律は、「成功者は黄金律に従っている場合が多い」という経験則に基づいていることが多いのですが、深みにおいて数段の差があると言ってよいと思います。

なお、幸福に関する実証研究は、１９７０年以降に盛んになったと言われていますが、近年の興味深い実験として、「ボランティア活動や慈善行為が幸福に寄与すること」が確認されています。二つのグループのうち、一つのグループには

「自分のためにお金を使え」と言ってお金を渡し、もう一つのグループには「他人のためにお金を使え」と言ってお金を渡したところ、後者のグループのほうが幸せであったそうです。元ハーバード大学学長が紹介している話ですが（ボック，2011）、与えることの幸福の実証になっていると言えます。

3 「後世への最大遺物」を遺す幸福

真の幸福の第三段階は「後世への最大遺物」を遺すこと

最後は第三段階の幸福です。

「霊的人生観を持ち、利他に生きる人生を送る。会社で生きていても、自分の給料を上げることばかり考えているのではなくて、『周りの人たちも幸せになってほしい』という気持ちで働き、偉くなっていく。そのような人生ができるようになる」という第二段階を終わった、次の段階は何でしょうか。（中略）

その人の完結した人生だけでもって評価される人間は、いちおう平均的な人間だと思いますが、死んでから後《のち》に影響力が出て、後世まで大きく遺るもの、「後世への最大遺物」を遺すことができる人々は、幸福論で言うと、次の段階に行っているのではないかと思います。

全般的に言えば、「何らかの信仰心を持たずして、この世を生き渡る」ということでは、この世限りの人生観しか持つことができませんが、来世というものを信ずることができない人間は、残念ながら、本人に、いくらお金や社会的地位、学歴があっても、残念な人生であると言わざるをえません。

この世的には、よい高校を卒業し、よい大学を卒業し、よい会社や官庁に就職して出世し、社長になったり、「局長だ」「次官だ」「大臣だ」となったりしたら、「成功した」ということになるわけですが、その成功は、必ずしも「魂の幸福」につながるかどうか分かりません。それは、その人の中身によるのです。

死ぬとすぐに忘れ去られるような人であれば、本当の意味での幸福な生き方はしていなかったのではないかと思います。

それはなぜでしょうか。

魂は、永遠の時間のなかで、修行のために、何度も何度も、この世に生まれ変わってきています。生まれ変わって生きている間に、多くの人たちに啓蒙的な活動で影響を与えることができ、人々を向上させたり、悪の道に入っている人たちを立て直したりすることができ、自分の人生が終わったあと、後の世にも影響を遺せるような人生は、素晴らしい人生です。

このようになれば、これは、幸福の科学で言っている、「光の天使」や「光の指導霊」、「仏」や「如来」という言葉に当たるような人に相当するのだと思うのです。

このような「幸福の段階」があると思います。

『幸福の科学大学創立者の精神を学ぶⅡ（概論）』115－123ページ

「後世に影響を遺す生き方」が三段階目の真の幸福です。

当然のことながら、内村鑑三の『後世への最大遺物』という名著を踏まえた表現となっています。

少し長くなりますが、感動的な文章なので、『後世への最大遺物』の関係部分を抜き書きしてみましょう。

私にここに一つの希望がある。この世の中をズット通り過ぎて安らかに天国に往き、私の予備学校を卒業して天国なる大学校にはいってしまったならば、それでたくさんかと己れの心に問うてみると、そのときに私の心に清い欲が一つ起こってくる。すなわち私に五十年の命をくれたこの美しい地球、この美しい国、この楽しい社会、このわれわれを育ててくれた山、河、これらに私が何も遺さずには死んでしまいたくない、との希望が起ってくる。ドウゾ私は死んでからただに天国に往くばかりでなく、私はここに一つの何かを遺して往きたい。それで何もかならずしも後世の人が私を褒めたってくれいというのではない、私の名誉を遺したいというのではない、ただ私がドレほどこの地球を愛し、ドレだけこの世界を愛し、ドレだけ私の同胞を思ったかという記念物をこの世に置いて往きたいのである、すなわち英語でいうMementoを残したいのである。こういう考えは美しい考えであります。（中略）

われわれが死ぬまでにはこの世の中を少しなりとも善くして死にたいではありませんか。何か一つ事業を成し遂げて、できるならばわれわれの生まれたときよりもこの日本を少しなりともよくして逝きたいではありませんか。

内村鑑三『後世への最大遺物』

内村鑑三は、実際に多くのものを後世に遺したと思います。膨大な著作は、今なお多くの読者を励ましていますし、キリスト者としての生き方自体も模範とされています。まさに光の天使としての幸福を得たのではないでしょうか。

真の幸福を生きた吉田松陰

大川総裁は、後世に大きな影響を与えた人物として、イエス・キリスト、ソクラテス、孔子、釈尊、吉田松陰の名前を挙げています。

このうち、イエスやソクラテス、釈尊については、第2章で採り上げたので、ここでは吉田松陰に注目してみましょう。

幕末の志士として有名な人物です。安政の大獄（注5）で捕まって処刑されました。わずか29年の人生でした。それも、イエスのように罪人として亡くなっており、具体的に何かを成し遂げたわけではありません。政治運動に挫折し、異性も知らず（生涯独身でした）、犯罪者として処刑されたわけですから、この世的に見たら、不幸な人生です。

この人生のどこが、真の幸福の第三段階に当たるのでしょうか。

大川総裁の解説は次の通りです。


しかし、吉田松陰は、一年半ぐらいの短期間の間に、牢屋に囚われの身であったり、実家に軟禁されたりしているなかで、平凡な人たち、一般的な人たちも含めて、教え合いをしながら講義をした影響力が甚大でした。

彼が教えた人たちのなかから、明治維新の原動力になる人が数多く出てきています。伊藤博文や山県有朋の二人は総理大臣になりました。維新で散った人もいますが、維新の原動力になった人もいます。

明治維新の〝震源地〟をずっと探っていくと、「思想的には吉田松陰あたりが明治維新の〝震源地〟にいるらしい」ということが、だいたい分かってきています。

わずか三十年弱の人生ではありましたが、この人のあまりにも誠実で激しい人生が、多くの人の心を揺り動かしたのです。

彼は、「死を恐れず、新しい時代のために命を懸けて生きる人」を、数多くつくり出していきました。教育者としての、ある意味での鑑《かがみ》かもしれませんし、日蓮が言うような「不惜身命《ふしゃくしんみょう》」の心を持っていた人でもあります。

この方は、「かくすれば　かくなるものと知りながら　やむにやまれぬ　大和魂」という歌を詠んでいます。

彼は、「幕府を倒そうとして決起したら、たいてい捕まって処罰されることは分かってはいるけれども、やむにやまれぬ大和魂であり、陽明学を学んだ人間としては、自分が知ったら行動せざるをえない」ということで、それをやってみせました。

自分は失敗しますけれども、イエスのときと同じように、あとから続いてくる者が、だんだんに出てくるのです。こういうことが言えます。

『幸福の科学大学創立者の精神を学ぶⅡ（概論）』118-120ページ

吉田松陰は、教育者として、日本の近代化に貢献した錚々《そうそう》たる人材を後世に遺しました。その遺徳は、1907年に松陰神社の建立という形でも顕われています。死後50年もしないうちに神様として祀られたわけです。

誰もが到達できる幸福の境地ではないかもしれませんが、せっかくなら、第三段階の幸福を目指すべきでしょう。

最高の幸福は「真理を知り、真理に生きること」

以上、幸福論には「霊的人生観を持つ」「愛を与えて生きる」「後世への最大遺物を遺す」という三つの段階があることを述べてきました。

最後に大川総裁自身が考える幸福についても紹介しておきたいと思います。

いずれ、この世を去っていく身です。肉体的人生は終わりを迎えます。ただ、肉体的人生が終わっても、〝終わらない人生〟を遺していかねばならないと思います。

そのいちばんの鍵は、やはり、「真理の伝道者として生きる」ということなのではないでしょうか。

「幸福」という意味で、人々が本当に真理を知らないがために、要するに、真っ暗闇のなかを歩んでいるのに、その危険さに気づいていないがために、そのことを非常に気の毒に思い、「闇夜に一灯を差し上げよう」という気持ちが私にはあります。それが、「この真理を広めたい」という気持ちです。

「人間は闇夜を手探りで歩いている」というように、今の実存主義型の哲学では考えられていますが、「そうではない。明かりは、いつの時代にもあるのだ。この明かりを持って進めば、闇も怖くない。迷うこともなく、確信を持って人生を進むことができるのだ」と言えるのです。

それを教えることをもって、私は幸福となりましたし、そういうことを、ほかの人にも体験してもらいたいと思います。

『幸福の科学大学創立者の精神を学ぶII（概論）』125-127ページ

幸福の科学が伝道する理由が「幸福論」の観点から説明されています。その上で、「幸福の定義」を明確に打ち出しています。


それまでの私には、この世的に生きているうちは、「自分自身が、この世的な成功の枠に入ることが幸福」という感覚が強かったのです。

それも幸福の一部ではありえましょうが、やがて、それを超え、「真理を知り、真理に生きることが、人生最高の幸福である」という気持ちになりました。

それは、「真理に生きる」という幸福です。

「幸福の定義」として、「『真理に生き切ることができる』ということ、これが幸福である」という気持ちに落ち着いたのです。

だから、「それを広めたい」という気持ちがあるのです。

私は、「幸福」という言葉を使っていますが、これは、別の言葉で言えば、「真理」という言葉と、かなり近い関係にあると言ってよいと思います。

『幸福の科学大学創立者の精神を学ぶⅡ（概論）』127‐128ページ

大川総裁は、「幸福」を「真理に生き切ることができる」と定義しました。簡潔ですが深い言葉です。この一言に、幸福論の真髄が込められています。

また、古今の諸宗教、諸思想、諸学を、「幸福」という切り口で再整理し、三段階説に従って見直していった時に、人類の未来に遺すべき知識と捨てるべき知識とを選《え》り分けることができるようになるはずです。それはより多くの人々に幸福を広げていくことになりますから、価値観の混迷が深まる現代において、一層重

図14　真の幸福の三段階説

真の幸福の **第一段階**	**霊的人生観を持つこと**	信仰心を持つ、あの世があると信じる。
真の幸福の **第二段階**	**愛を与える生き方**	「奪う愛」から「与える愛」へ。 利他的な考えを持つ。 慈悲を与える生き方を喜びとする。
真の幸福の **第三段階**	**「後世への最大遺物」を遺す**	イエス・キリスト、ソクラテス、 孔子、釈尊、吉田松陰の生き方。

幸福の定義

「真理に生き切ることができる」ということ

「幸福」という言葉は、
「真理」という言葉とかなり近い関係にある。

要な意味を持ってくるのではないでしょうか。

（注1）『西田幾多郎の「善の研究」と幸福の科学の基本教学「幸福の原理」を対比する』に、西田幾多郎の思想との対決を経て、幸福の科学の基本教学へと思想が深まっていった経緯が紹介されている。

（注2）大悟の経緯については、『太陽の法』『若き日のエル・カンターレ』などに詳しい。

（注3）マタイによる福音書7．12

（注4）論語．第八巻第十五衛霊公篇二四

（注5）安政の大獄は１８５８（安政５）年から翌年にかけて幕府が行った政治弾圧。大老の井伊直弼《なおすけ》を中心に、尊皇攘夷の思想を持つ大名、公卿、志士など１００人以上が連座した。吉田松陰、橋本左内などが死罪となった。

第3章

知的幸福整理学のすすめ

1　幸福論への目覚め

「神様がいる」と書いた作文が嘲笑の的に

最終章では、個人的な経験も踏まえて、もう少し身近に感じるようなアプローチで、幸福論について改めて整理しつつ、膨大な量の知識や情報をどう整理して身につければよいのかについても付け加えておきたいと思います。

私にとって神仏や宗教は、身近な存在でした。祖母が熱心な天理教の信者で、父はお寺の次男でしたから、仏様や神様がいるというのは、ごく自然なことでした。また、子供の頃はよく金縛りにあったので、何か霊的な不思議な世界があるということは疑っていませんでした。

また、子供時代、喘息《ぜんそく》を患《わずら》っていたのですが、生きるか死ぬかという状況になった時に、肉体は死ぬほど苦しいのに、心のほうは妙に平静になっているという体験をしたことがあります。その時に、人間というのは肉体だけではない、精神的な存在なのだということに気づきました。

そんな子供でしたから中学の作文の授業で「神様はいる」という趣旨の文章を書いたことがあります。なぜか、その内容が先生に評価されて、生徒の前で読み上げられました。ところが、クラス中に笑われてしまったのです。ショックでした。その時に、多くの人は神様を信じていないことを初めて知りました。

それでもスピリチュアルなものが大好きで、月刊誌「ムー」を購読したり、当時ブームだったノストラダムスの大予言の関連本を読みふけったりしていました。ノストラダムスの本を読んでいると、「日本に救世主が立つ」と読める内容のものがあり、大変興奮したのを覚えています。

ノストラダムスの影響かどうか分かりませんが、当時、「このままでは世界が終末に向かう」という確信がありました。当時は、東西冷戦の問題や民族紛争問題など、いわゆる世紀末的な感覚が強くなり、何かそれを解決できるような新しい考え方を求める気持ちが高じていました。

高校生ぐらいから哲学書や宗教書を読み始めたのは、そういう理由によります。高校が附属校で受験が不要だったということもあり、むしろ自分の好きなことばかり勉強していました。たまたま学校の図書館には宗教関連の本が充実していたので、〝帰宅部〟になって本ばかり読んでいました。仏教やキリスト教、生長の家などの本にはまったのもその頃です。

一瞬、左翼に染まる

大川総裁の書籍は、書店で見つけて読んだ『キリストの霊言』（注1）が最初です。すぐに本物だと確信しました。その後、『太陽の法』を読んで、「この人こそ救世主だ」と確信し、入会願書を書きましたが、「半年待機」になってしまいました。当時は、申し込めばすぐに会員になれるわけではなく、心境が悪かったりすると3カ月待機や半年待機になることがあったのです（注2）。大川総裁の説法のテープを繰り返し聴いて勉強し、半年後に念願の入会を果たしました。大学4年生のことです。

いかにもあっさり信じたように読めるかもしれませんが、自分なりに熟慮した末の決断です。仏教の勉強もしましたし、キリスト教の勉強もしました。他の新興宗教も勉強しました。ところが、どの宗教も十分に納得できるほど、人生と世界の真実を説き切れていないように感じました。

実はマルクス主義も勉強しました。私は早稲田大学を卒業していますが、附属高校の出身でしたから、高校時代から早稲田のキャンパスに行っていました。そこで行われていたシンポジウムなどに顔を出しているうちに、早大は左翼運動が盛んでしたから影響を受けたのです。「社会問題に関心があるなら来ないか」と言われて、ついて行ってしまいました。その頃、平和問題に関心があったのです。今思えば、青臭い社会正義を振り回していただけなのですが、若かったこともあり、一瞬染まってしまいました。

正直なところ、マルクス主義に惹かれる人の気持ちは少し分かります。平等な世界をつくりたいという一種のユートピア思想が入っていることは確かですし、一見、幸福論の一種のようにも見えます。

しかし、実際に中に入って行動を共にしてみると、「本当にそれで人類は幸福になれるのだろうか」と、日に日に疑問が募ってきました。

世界から核兵器や一般兵器をなくしても平和にはならないのではないか。核兵器をなくしても、棒っ切れでも包丁でも殺し合うのが人間ではないのか。形としての武器をなくすことよりも、人間の心を変えたほうが確実ではないか。心を変えれば、核ミサイルを撤去しなくても平和を実現できるのではないか。戦争の原因は、核のせいでも、銃のせいでも、武器のせいでもない。人間の心が原因ではないか。そう考え始めたのです。であれば、様々な宗教が説いているように、まず人間の心から変わっていくべきだと思ったわけです。

大川総裁の思想に触れたのは、そんなふうに思い始めた時ですから、深く納得できました。

正式な会員となって勉強をしていくと、これまで学んできた哲学や宗教の位置づけがハッキリと見えてきました。同時に、かえって、それぞれの宗教や哲学の素晴らしさが理解できるようになりました。

例えば、キリスト教の場合、「信ずれば救われる」と短絡的な理解をしている人がいます。しかし、実際に『キリストの霊言』を読んだり、最近では『キリストの幸福論』を読むと、高次な信仰や愛などの教えが含まれていることが分かりました。

諸宗教、諸思想は、歴史的に評価されているものでも、互いに矛盾していて価値判断が困難です。しかし、幸福の科学の思想を一つの物差しにして整理すると、マルバツ式のどちらが正しいかという単純な議論ではなく、それぞれの思想が正しさを含みつつ、正しさのレベルが何段階かで存在しているということが分かります。

例えば、キリスト教とイスラム教について、どちらが天使でどちらが悪魔かという議論になると戦争になるしかありません。実際に繰り返し戦争をしています。幸福の科学では、どちらも天使であるが、方向性や段階、表現の手段が多少異なっており、高次の世界ではつながっているという理解になります。

宗教の違いを超えて理解しようとする流れは、宗教哲学の世界でも近年、注目されています。宗教哲学者のジョン・ヒックが提唱する宗教多元主義では、「それぞれ異なる宗教は、人類に向けて救いの業《わざ》をおこなう神に対して、それぞれ異なる名前を持っている」（ヒック，１９８６）と述べています。要するに、〝すべての宗教は、究極の神に対して、それぞれの方法で神を表現している〟といった理解です。

幸福の科学の思想は、世界の宗教を融和するとともに、戦争を防ぎ、相互理解を深めるにも、有効な考え方です。マルクス主義ではなく、幸福の科学の思想こそ、本当の意味で人類に幸福と平和をもたらす思想だと確信したのは、こういう理由によります。

膨大な知識と教養の裏づけがある幸福の科学の教え

幸福の科学の思想の魅力は、「幸福」という、非常にもわっとしてファジーな概念を合理的に説明した点にあります。大川総裁自身も初期の経典で次のように説明しています。

幸福というものの定義にもかかわりますが、「幸福とは、こういうものだよ」というように幸福を取り出してみることは、非常に難しいものです。多くの人が、それぞれの幸福観を持っています。

そこで、「個人の幸福をつかみ取っていくのは、結局、各人の仕事ではあるけれども、幸福になるためには、幸福になるための方法があるはずであり、そして、その方法のなかには科学的な法則性がかなりあるはずだ」ということに私は着目しました。

したがって、私自身の仕事においても、「できるだけ、実証性があり、また、多くの人に通用するような説き方で、幸福になるための方法論を説く」ということが大事ではないかと思っているのです。

『幸福の科学とは何か』18-19ページ

『太陽の法』をはじめとする代表的な理論書を紐解けば分かるように、大川総裁の教えが、合理的で論理的なのは、学問性の高さに裏づけられているからでしょう。例えば、公開霊言シリーズを見るだけでも、宗教家、思想家、政治家、科学者、言論人、経営者、宗教学者、政治学者、経済学者、社会学者、心理学者、民俗学者、スポーツ選手、芸能人など、あらゆるジャンルの人が登場します。霊言の収録にあたっては、冒頭で大川総裁の解説が入ります。それを聴くと、膨大な知識と教養が背景にあることが分かります。

２０１３年10月に刊行を開始した「幸福の科学」大学シリーズに至っては、２０１４年９月１日の段階で、すでに50冊以上発刊されています（図15参照）。しっかりと学問を修めた知的な人ほど、どの一冊をとっても学問的教養の最高峰であることが分かるはずです。

最後は「宗教の幸福論」に行き着く

このように、大川総裁の法は無限に広がっていきますが、一つ押さえておきたいのは、「宗教の幸福論」が一番中核だということです。

	発刊日	タイトル	収録日
1	2013.10.4.	新しき大学の理念	2013.9.20
2	2013.10.17	「経営成功学」とは何か	2013.9.24
3	2013.11.1	「人間幸福学」とは何か	2013.9.26
4	2013.11.5	宗教学から観た「幸福の科学」学・入門	2013.10.9
5	2013.11.14	「未来産業学」とは何か	2013.9.27
6	2013.11.25	「未来創造学」入門	2013.10.3
7	2013.11.29	プロフェッショナルとしての国際ビジネスマンの条件	2013.9.28
8	2013.12.6	仏教学から観た「幸福の科学」分析	2013.10.16
9	2013.12.18	幸福の科学の基本教義とは何か	2013.10.31
10	2014.1.10	「ユング心理学」を宗教分析する	2013.10.13
11	2014.1.24	湯川秀樹のスーパーインスピレーション	2012.2.7
12	2014.2.4	比較宗教学から観た「幸福の科学」学・入門	2013.10.23
13	2014.2.7	恋愛学・恋愛失敗学入門	2013.11.5
14	2014.2.6	「現行日本国憲法」をどう考えるべきか	2014.1.9
15	2014.2.27	未来にどんな発明があるとよいか	2013.12.2
16	2014.3.14	もし湯川秀樹博士が幸福の科学大学「未来産業学部長」だったら何と答えるか	2013.12.3
17	2014.4.1	政治哲学の原点	2013.10.29
18	2014.5.17	経営の創造	2013.10.1
19	2014.5.19	法哲学入門	2013.11.2
20	2014.5.28	究極の国家成長戦略としての「幸福の科学大学の挑戦」	2014.5.27
21	2014.6.11	経営が成功するコツ	2014.5.24
22	2014.6.7	早稲田大学創立者・大隈重信「大学教育の意義」を語る	2014.6.1
23	2014.6.20	人間にとって幸福とは何か	2014.5.22
24	2014.6.20	青春マネジメント	2013.10.25
25	2014.7.4	「実践経営学」入門	2013.12.18
26	2014.7.29	神秘学要論	2014.6.19
27	2014.8.12	幸福学概論	2014.8.10
28	2014.8.21	ソクラテスの幸福論	2012.2.16
29	2014.8.21	キリストの幸福論	2012.2.17
30	2014.8.22	ヒルティの語る幸福論	2012.3.7

図15　学問性の高い「幸福の科学」大学シリーズ

↘

	発刊日	タイトル	収録日
31	2014.8.22	アランの語る幸福論	2012.3.14
32	2014.8.22	北条政子の幸福論	2012.4.12
33	2014.8.22	孔子の幸福論	2012.4.19
34	2014.8.23	ムハンマドの幸福論	2012.4.22
35	2014.8.23	パウロの信仰論・伝道論・幸福論	2012.5.11
36	2014.8.23	八正道の心	2002.8.22
37	2014.8.26	他力信仰について考える	2002.8.30
38	2014.8.26	悟りと救い	2002.7.16
39	2014.8.27	禅について考える	2002.9.24
40	2014.8.27	日蓮を語る	2002.11.26
41	2014.8.19	幸福の科学大学創立者の精神を学ぶI（概論）	2014.8.14
42	2014.8.19	幸福の科学大学創立者の精神を学ぶII（概論）	2014.8.14
43	2014.8.20	宗教社会学概論	2014.8.15
44	2014.8.22	「成功の心理学」講義	2014.8.17
45	2014.8.23	西田幾多郎の「善の研究」と幸福の科学の基本教学「幸福の原理」を対比する	2014.8.19
46	2014.8.26	仏教的幸福論―施論・戒論・生天論―	2014.8.20
47	2014.8.27	「幸福の心理学」講義	2014.8.21
48	2014.8.28	「人間学概論」講義	2014.8.24
49	2014.8.30	「経営成功学の原点」としての松下幸之助の発想	2014.8.25
50	2014.9.3	財務的思考とは何か	2014.7.4
51	2014.9.5	外国語学習限界突破法	2013.10.12
52	2014.9.3	人間学の根本問題	2014.8.27
53	2014.9.4	日本神道的幸福論	2014.8.29
54	2014.9.3	国際伝道を志す者たちへの外国語学習のヒント	2014.8.30
55	2014.9.4	「幸福の科学教学」を学問的に分析する	2014.9.1
56	2014.9.5	「比較幸福学」入門	2014.9.2
57	2014.9.5	危機突破の社長学	2014.9.3
58	2014.9.6	イノベーション経営の秘訣	2014.9.4

私たちが幸福、幸福と言っていることは、実は悟りであり、悟りに付随するものです。「幸福の科学」とは「悟りの科学」の別名でもあると述べております。

『悟りに到る道』157ページ

第2章で紹介したように、「真の幸福」とは、「霊的人生観を持つ」「他の人に愛を与えて生きる」「『後世への最大遺物』を遺す」という三つの段階があり、「人生最高の幸福」とは、「真理を知り、真理に生きる」ことです。極めて宗教的です。

幸福論でも優れたものは、やはり宗教的な幸福を主張しています。

例えば、『幸福論』の筆頭に位置するカール・ヒルティは、こう述べています。

幸福の種類には二《ふた》とおりある。一つはつねに不完全なものであって、この世のさまざまな宝をその内容とする。いま一つの幸福は完全なものであって、神のそば近くあることが即ちそれである。

ヒルティ『幸福論』

大川総裁は、ヒルティの『幸福論』について、『「比較幸福学」入門』で「キリストの臨在を感じるものがあります」（73ページ）とまで述べています。無数にある『幸福論』の中でも最高峰に位置すると言えるでしょう。ちなみにヒルティは、霊言として収録した『ヒルティの語る幸福論』でも「天使としての幸福は、『神のそば近くにあること』」（70ページ）と、全く同じことを述べています。

なお、東洋のヒルティと言われた無教会キリスト者の三谷隆正《みたにたかまさ》は、『幸福論』という著作でこう述べています。

奪うべからざる幸福への鍵は、われら人間みずからの裡《うち》にはない。随《したが》ってまたわれらの哲学的反省や道徳的修練だけで、みずからこの幸福をたたかい取ることはできない。ただ信仰により、超越的創造の主たる神の恩寵として、ただただ恩寵として受領するほかない。（中略）宗教的境地を通ることなしに、不壊《ふかい》の幸福を摑むことは不可能である。

三谷隆正『幸福論』

いずれも、信仰がもたらす幸福への確信に満ちています。やはり、宗教性が入ると、一段深みが増すように感じます。

ちなみに、オックスフォード大が２０１３年に出版した幸福論のハンドブックには、１００ページ近くを割いて「幸福への宗教的アプローチ」（SPIRITUAL APPROACHES TO HAPPINESS）という節を設けて論じています（DAVID, 2013）。幸福を論じるにあたって、学問の世界でも宗教的視点は外せない位置づけになっているのです。

もちろん、悩みを消すための具体的な智慧として、この世的な知識や技術の有効性を否定するものではありませんが、目指すべきは真理であり、悟りであることは確認しておきたいと思います。

2　整理の効用と方法

国会図書館の本を読み尽くすのに何年かかるか

幸福学として、様々な宗教や思想をどう整理するかについて述べてきましたが、そもそもなぜ整理が必要なのかについても言っておきたいと思います。

世の中には無限と言っていいほどの情報があります。例えば、国会図書館にある本を1日1冊のペースで読んだとしたら、すべて読破するのにどれぐらいかかると思いますか。

約10万年です。全部で3900万冊ありますから、読み尽くすことは不可能です。だから、実際には、情報を整理し、何かを選んで、何かを捨てる必要があります。

それが「情報整理学」です。何が幸福になる情報で、何が不幸になる情報かという観点で整理するなら、本書のタイトルである「幸福整理学」となるわけです。

私は以前、大川総裁から「人間グーグル」という渾名《あだな》をいただいたことがあります。「彼に頼んで情報の〝検索〟をかけると、要点だけを言ってくれればいいのに、無限に情報が出てくる」（注3）のがその理由だそうです。そのため、どんな情報でも大量に集めてきて、何でも知っているように思われることがありますが、そんなことはありません。ただ、あえて言うならば、自分の強みとしては、いろいろな情報にアクセスし、ざっくりと整理していくことが挙げられるかと思います。

ちなみにグーグルの社是は、「世界中の情報を整理し、世界中の人々がアクセスできて使えるようにすること」です。今は、いろいろな本をスキャニングしてデータ化しようとしています。

一方、〝人間グーグル〟としては、大量の情報の中で付加価値のある情報を創り出していくところに使命を見出していこうと考えています。私自身は、幸福の科学で様々な部署を経験しましたが、新規事業などにおけるリサーチャー的な仕事を務める機会が多かったように思います。

まずはありったけの情報を集める

情報収集と整理の方法については、論文作成を例に説明してみます。

幸福の科学の職員は、幸福の科学教学の勉強に励んで定期的に論文を書き、本部講師という最上位の講師資格の取得を目指しています。私は90年代に本部講師資格を取得し、近年では支部講師の論文審査などを務める立場にいます。

論文を書く場合に、最初にしなければいけないのは、「まず、ひたすら材料を集める」ということです。論文のテーマに関連しているものであれば、〝バカになって〟何でもかんでも集めるのがポイントです。先入観を持たないことです。この段階では、変な価値判断をしないで、ただ集めるのです。「抜け」や「漏れ」がないように、拡散できるだけ拡散します。

幸福の科学の論文の場合は、大川総裁の1600冊以上に及ぶ経典から、関連箇所を片っ端から当たり、資料を作成します。これを「聞慧《もんえ》資料」と呼んでいるのですが、A4で数十枚になるレベルまで集めます。

「お友達合わせ」で分類を進める

次は分類です。

大量に集めた情報を整理する作業です。数十枚の資料を漠然と見ていても、そこから先には進めません。そこで、「お友達合わせ」の作業を行います。似た情報を集めてグループにしていくのです。

同種のグループを一箇所に集め、集めた情報を眺めていくと、何か見えてくるものがあります。本棚の整理も同じです。バラバラに本を詰め込んだ本棚を見ていても何も思いつきませんが、同じような本を一箇所に集めて並べてみると、何か見えてくることがあります。アイデアや発想が浮かぶのです。雑然と並べているだけでは、本が一冊ずつ存在しているだけですが、同種のものを並べると独特の磁場ができて、1冊+1冊が単なる2冊ではなく、3冊、4冊分もの威力を出し始めます。分類にはパワーがあるのです。

ちなみに、大川総裁の蔵書係を務めた時に、一番学んだのは、この分類の作業です。図書の分類というのは、分類の中でも一番高度で難しいと言われます。

この場合、はじめから全体の分類を考えて整理するよりも、まず似たもの同士を集めていくほうが有効です。似たもの同士で小さなグループを作ったら、今度は小さなグループ同士で似たものを集めて中グループを作る。中グループが幾つかできたら、さらに似たものを集めていくと大グループができます。このようにしていくと、小分類、中分類、大分類が自然にできてきます。

「目的」に応じて柔軟に分類する

分類をする場合の注意点は、「分類のための分類」にならないことです。

そもそも、「何のために分類するのか」という目的を見失ってはいけません。本棚の整理で言えば、本棚を使う人のニーズがどこにあるのかを見極める必要があります。したがって、大川総裁の書庫の場合は、図書館レベルの蔵書がありますが、図書館の分類方式は採っていません。独自の分類をしています。

例えば、著名な識者の場合は、特設のコーナーを設けるようにしています。渡部昇一さんのケースで言えば、英語の本があったり、歴史の本があったり、テーマが多岐にわたっています。通常の図書館の分類だと、様々なコーナーに分散してしまいます。それだと不便なので「渡部昇一」というコーナーをつくったほうが便利になるわけです。

また、もう少し細かいレベルになりますと、例えば『ヨーロッパの建築芸術』

という本があったとします。この本は「ヨーロッパ」欄に入れるべきか、それとも「芸術」の棚に入れるべきか迷いますが、どう判断すればよいのでしょうか。

これは使い手である人が、今度、ヨーロッパに行く予定があるのなら、「ヨーロッパ」欄に入れるべきでしょうし、新しい芸術に関するスピーチの準備をしているなら「芸術」の棚に入れるべきでしょう。つまり、ニーズによって、状況によって分類は変わるわけです。

そもそも、なぜ分類するのかと言えば、手探りで文献を探す中で、手がかりを与えて探しやすくするためです。ですから、分類は柔軟であるべきです。

ちなみに、私の家の本棚は、所属部署が変わるたびに、分類自体を変えるので、絶えず変化しています。その時にしている仕事にとって、便利な分類をしています。以前は、政治経済の本を中心にした構成にしていましたが、今では哲学や思想が中心になっています。

ある会社の入社試験で50枚の紙が配られて、自分のやり方で20分以内に書類を分類せよというものがありました。それだけで仕事能力がすべて分かるそうです。実際、そうだと思います。センスが問われますし、いい意味で大雑把に分類する力が求められます。細かすぎると、端から端まで漏らさず目を通そうとして時間が尽きてしまいます。ざっくり内容をつかんで、大雑把に分類できないと20分ではできません。

いつ分類作業を始めればよいか

もう一つ、実践面での注意点があります。

「大量に情報を集めて分類する」という話ですが、いつ、どの段階で情報収集の作業から、分類や絞り込みの作業に移るべきか、という問題です。意外とこのタイミングがつかめない人が多いのではないでしょうか。

それは調査の対象となっている人なり事項なりが「手のひらに乗るまで」です。

膨大な資料を集めていると、「手のひらに乗った」と感じる瞬間があります。全体像が〝見えてくる〟時があるのです。「あ、この人は、こういう人なんだ」と腑に落ちる瞬間、「この事件は、こういう出来事だったのだ」と分かる瞬間がありま す。その感覚が来た時が、情報の収集をやめて分類や絞り込みの作業に移行すべき時です。

逆に言うと、その感覚が来ないなら、情報収集をやめてはいけません。〝つかんだ〟と思う感覚が来ないなら、たいていの場合、調査不足です。図書館に行ったり、書店に行ったりして、さらなる調査を行うのです。

「手のひらに乗った」という感覚がある時は、結果的にいい仕事になるケースが多かったというのが個人的な実感です。

結論が見えなければ「絞り込み」はうまくいかない

情報を収集し、分類したら、「絞り込み」です。

絞り込みのポイントは、「最終的な結論に合わせる」ということです。

論文であれば、何らかの「問い」があるはずです。その問いに正面から答えているものとは何なのか。答えをつかんでいなければ、絞り込みができません。答えが分かっているなら、その答えと関係するものは残し、答えと関係しないものは、ばっさり捨てればいいわけです。

これまで数多くの論文、レポート、企画書を見てきましたが、意外と「答えが書いていない」「結論が書いていない」ものが多いのです。いろいろと書いてあるのですが、本題と関係ない情報が延々と並んでいたり、途中で論旨が違う方向へずれていったりしているケースがよく見られます。

結論に合わせて、関係ない部分を捨てたら、次は、結論に至る材料になりそうなものを三つほど選びます。三つほど選んだら、結論に持っていくための論理展開として一本の筋がピシッと通るような並べ方を考えます。第一に、第二に、第三に、と展開しても、よく読んでみたら、各論点がバラバラでつながっていないことがあります。また、論理が飛躍してしまうケースもあります。

そうならないように、各論点を一本の串で通すようにするのです。これを「串刺し理論」と呼んでいますが、この技術が身につくと、論文や仕事のレポート、企画書で説得力が出せるのは無論、スピーチでも分かりやすい話ができるようになります。

結論や串刺しにする筋を思いつくには、考えに考え抜く作業が必要です。情報収集を「聞慧」というのに対し、こちらは「思慧《しえ》」です（注4）。集めた情報の意味を、深く考えていくことです。

どの程度考えればよいかというと、「寝ている時に夢に出てくる」までです。そこまで真剣に考えないと、単なる思いつきの結論で終わってしまいます。人の心を動かすには、水面下の努力や真剣に考え続けるというプロセスが必要です。その意味で、抜け道や近道はないと考えたほうがよいと思います。

図16　黒川式情報整理術

STEP 1　できるかぎり大量の情報を集める

価値判断はせず、拡散できるだけ拡散する。

STEP 2　「お友達合わせ」で分類する

全体像が見えて「手のひらに乗った」感覚が来たら、分類作業スタート。似ているもの同士を集め、**小分類→中分類→大分類とグルーピング**する。「相手が何を求めるか」を分類の判断材料に。

STEP 3　考え抜いて結論を出す

夢に出てくるまで考える。

STEP 4　結論に合わせて絞り込みをする

結論と関係ないものは捨てる。
結論を裏づける材料になるものを三つ程度に絞る。

STEP 5　「串刺し理論」を構築する

結論と、結論を裏づける三つの材料を、
一本の串で貫くような論理構成を考える。

GOAL

本・論文・レポート・企画書・スピーチ原稿の作成、
経営判断等々、何にでも使える！

3　幸福になるための整理学

大きな付加価値を生み出す整理の力

「できるだけ大量の情報を集める」「似たもの同士を集めて小分類→中分類→大分類へと分類していく」「使う人のニーズに合わせて柔軟に分類する」「結論に沿うものを残し、沿わないものを捨てる」という整理法は、論文を書いたり、本棚の整理に使えるだけでなく、仕事全般に応用できます。本を書く場合も同じ作業になりますし、何か提案をしたり、企画書やレポートを書く時も同様です。判断業務全般にも活用できます。実際に、人事局長の時に、人事の判断をする際にもこのプロセスを使っていました。その他、経営判断全般に応用できると思います。

東京都庁に勤めていた時代に行っていた都市計画も、整理や分類が大きな成果を生み出す仕事です。地域ごとに用途を大まかに区分けし、全体計画に仕上げていくのですが、実際に、住宅地域や商業地域などの用途を分類していくと、地域の独自性や利便性を高める力となります。

整理や分類には、大きな付加価値を生む力があります。

廃品回収などはその典型です。廃品回収の付加価値は分類によって生み出しています。回収作業のほうではありません。

古紙やペットボトルや家電を集めるのですが、集めただけではただのゴミの山です。しかし、捨てた家電を分解して、レアメタルなどの鉱物資源を集めると、宝の山に変貌します。最近では、廃棄物のことを「都市鉱山」とも呼ぶそうです。日本の「都市鉱山」から取れる金《きん》は、世界の埋蔵量の約16％分にも及ぶそうです。世界一の埋蔵量です。同様に、銀も世界一、インジウムは世界2位、プラチナと銅は世界3位の実力だそうです（平沼，２０１１）。分類の威力だと言えます。

成功する整理には「愛」がある

整理における最大の付加価値は、「相手に対する愛」です。本棚の整理でも、「使う人のニーズを見極める」ことが大事だと言いましたが、何を整理するにも「愛」の視点があると成功します。

東京都庁にいた時に、都庁のパンフレットを見て憤慨したことがあります。都民向けのパンフレットなのですが、都市計画局や水道局など、局別に分類されていたのです。しかし、都民から見たら、非常に不便な分類です。子育てをしている人用の手続き一覧や、他の都道府県から引っ越しして来た人用の手続き一覧など、顧客にとって必要なサービス別に分類したほうが使いやすいはずですが、その観点が欠落しているわけです。

同様に、論文なら採点者、企画書なら上司の立場に立って書くことが大事です。

「愛」の思いがあれば、おのずと利用者に役立つ分類ができるようになって、いい仕事につながります。これが最大の付加価値を生み出すポイントです。

ドラッカーも、情報を情報として扱っているだけではだめで、「成果に焦点を合わせた情報」でなければならないと言っています。成果に焦点を合わせた情報を、ドラッカーは「知識」と読んでいます。この知識は、〝高度に専門化された〟知識であり、〝体系化〟された知識です（上田訳，２００７）。ドラッカーは、この「体系化された専門知識」は、「新しい社会を創造する力」があると述べています。

大川総裁の説く仏法真理は、「幸福論」を一本の串として、二千数百年に及ぶ諸宗教、諸思想を体系化し、新しい「知」の体系を築いています。宗教から哲学、哲学から諸学へと拡散していった幸福論の流れを再整理し、新しい幸福な社会を創ろうとしているわけです。

日本は、新しい価値の体系が必要な時期に差し掛かっています。幸福の科学大学開学となる２０１５年のちょうど70年前に終戦がありました。日本の歴史の中でも大きな転換点でした。そして、その約70年前に『学問のすすめ』が出版されています。『学問のすすめ』は幕末から激しく時代が揺れる中で、明治以降の文明のあり方を指し示しました。なぜか分かりませんが、約70年ごとに時代が大きく変わる法則があるようです。

私たちは、そうした時代の節目にあって、幸福の科学大学を通して、世の中に幸福を広げるような新たな価値観、そして新文明を創造していく本格的な学問を打ち立てていく覚悟です。

（注1）当時は、善川三朗著『キリストの霊言』という形で潮文社から刊行されていた。現在は、『大川隆法霊言全集第5巻』に所収されている。

（注2）『選ばれし人となるためには』には当時の事情について、「立宗後、最初の三年間は、あまり大きくなると教団の運営が難しくなるので、信者を一万人以上には増やさないように枠をはめていました。『入会願書制度』を設けて入会試験を行い、『入りたい』という

人をけっこう落としていたのです。『幸福の科学の書籍を十冊読んで、感想を書いてください』ということにして、その感想の内容が合格ならば、『正会員』と認めたわけです。／当初は、私が直接、入会願書を読んで、書籍の内容をきちんと読み取っているかどうかを判断し、『これは、ろくに読んでいないな』と思われる人は落としました。それから、読んでいて、霊障と思われる場合には、『六カ月待機』といって、『半年間、修行をしてから、もう一度、受けてください』ということにしました」（165‐166ページ）とある。

（注3）『「人間グーグル」との対話』14ページ

（注4）『沈黙の仏陀』には、次の解説がある。智慧には、生まれつき持っている智慧を「生得《しょうとく》慧《え》」と言い、後天的に得る智慧を「三慧《さんえ》」と言う。三慧とは、「聞慧」（真理の知識を給すること）、「思慧」（思索によって得られる智慧）、「修慧《しゅうえ》」（修行によって得られる智慧）の三つを言う（163‐170ページ）。

あとがき

本書からも明らかなように、大川隆法・幸福の科学グループ創始者兼総裁が説く「幸福学」は、新たな価値観、新文明を創造していくための人類の叡智の結晶であります。

私も本書を手始めに、さらなる幸福の科学教学の研究を積み重ねていくつもりです。

幸福の科学大学は、未来国家創造の基礎であり、新時代の価値観を示す新文明の発信基地であります。

新しい希望の時代の端緒となる幸福の科学大学開学に向け、全力を尽くしてまいる次第です。
本書の出版にあたっては、大川隆法・幸福の科学グループ創始者兼総裁のご指導の下、多くの方のお力添えをいただきましたことを厚く御礼申し上げます。

2014年9月10日

学校法人幸福の科学学園
理事・幸福の科学大学 人間幸福学部長候補　黒川白雲

参考文献

序章

大川隆法．（２００２）．幸福の原点．幸福の科学出版．

――――．（２０１４）．悟りと救い．幸福の科学出版．

――――．（２０１４）．「幸福の心理学」講義．幸福の科学出版．

John Helliwell, Richard Layard and Jeffrey Sachs.(2013).WORLD HAPPINESS REPORT 2013. THE EARTH INSTITUTE, COLUMBIA UNIVERSITY.

小林勝人　訳注．（１９６８）．孟子（上）．岩波文庫．

内閣府．（２００８）．平成20年度版国民生活白書．内閣府．

山根智沙子＋山根承子＋筒井義郎．（２００８）．幸福感ではかった地域間格差．GCOE DISCUSSION PAPER SERIES Discussion Paper No.7．

友原章典．（２０１３）．幸福の経済学．創成社．

中村元　訳．（1978）．ブッダの真理のことば　感興のことば．岩波文庫．
フライ，ブルーノ・S＋スタッツァー，アロイス．（2005）．幸福の政治経済学．（佐和隆光　監訳）．ダイヤモンド社．

第1章
大川隆法．（2014）．幸福学概論．幸福の科学出版．
――．（2002）．常勝の法．幸福の科学出版．
――．（1995）．常勝思考．幸福の科学出版．
――．（1990）．幸福の原理．幸福の科学出版．
――．（1989）．新・心の探究．幸福の科学出版．
――．（2005）．限りなく優しくあれ．幸福の科学出版．
――．（2012）．仕事と愛．幸福の科学出版．
――．（2011）．太陽の法．幸福の科学出版．

――――．（２００２）．「常勝思考」講義．幸福の科学．

シャハー，タル・ベン．（２００７）．ＨＡＰＰＩＥＲ．（坂本貢一　訳）．幸福の科学出版．

エイカー，ショーン．（２０１１）．幸福優位７つの法則．（高橋由紀子　訳）．徳間書店．

ＤＩＡＭＯＮＤハーバード・ビジネス・レビュー．第２８４号：２０１２年５月号．幸福の心理学．ダイヤモンド社．

カレル，アレクシー．（１９８３）．ルルドへの旅・祈り．（中村弓子　訳）．春秋社．

アリストテレス．（１９７１）．ニコマコス倫理学（上）．（高田三郎　訳）．岩波文庫．

アリストテレス．（１９７３）．ニコマコス倫理学（下）．（高田三郎　訳）．岩波文庫．

新宮秀夫．（１９９８）．幸福ということ．日本放送出版協会．

アリストテレス．（１９９２）．弁論術．（戸塚七郎　訳）．岩波文庫．

プラトーン．（２００５）．ソークラテースの弁明・クリトーン・パイドーン．新潮文庫．

アリストテレス．（１９５９）．形而上学（上）．（出隆　訳）．岩波文庫．

セネカ．（１９８０）．人生の短さについて．岩波文庫．

ゲーテ．（１９９１）．ゲーテ格言集．（高橋健二　編訳）．新潮文庫．

ルソー．（１９６０）．孤独な散歩者の夢想．（今野一雄　訳）．岩波文庫．

カント．（１９６０）．道徳形而上学原論．（篠田英雄　訳）．岩波文庫．

ヘーゲル．（１９９８）．精神現象学．（長谷川宏　訳）．作品社．

ベンサム．（１９６７）．世界の名著38　ベンサム　J，S，ミル　道徳および立法の諸原理序説．（山下重一　訳）．中央公論社．

高木八尺＋末延三次＋宮沢俊義編．（１９５７）．人権宣言集．岩波文庫．

西田幾多郎．（１９７９）．善の研究．岩波文庫．

テイラー，フレデリック・W．（２００９）．科学的管理法．（有賀裕子　訳）．ダイヤモンド社．

ドラッカー，P・F．（２００８）．企業とは何か．（上田惇生　訳）．ダイヤモンド社．

マグレガー，ダグラス．（１９７０）．新版　企業の人間的側面．（高橋達男　訳）．産業能率大学出版部刊．

松下幸之助．（１９８６）．わが半生の記録　私の行き方考え方．ＰＨＰ文庫．

デカルト．（2006）．省察．（山田弘明　訳）．ちくま学芸文庫．

デカルト．（2008）．情念論．（谷川多佳子　訳）．岩波文庫．

デカルト．（1997）．方法序説．（谷川多佳子　訳）．岩波文庫．

カント．（1961）．純粋理性批判（上）．（篠田英雄　訳）．岩波文庫．

カント．（1979）．実践理性批判．（波多野精一＋宮本和吉＋篠田英雄　訳）．岩波文庫．

カント．（1964）．判断力批判．（篠田英雄　訳）．岩波文庫．

坂部恵．（2001）．カント．講談社学術文庫．

萩野由之．（1927）．日本史講話．明治書院．

ザ・リバティ．通巻186号：2010年8月号．丸山眞男の「末路」．幸福の科学出版．

渡部昇一．（1995）．かくて昭和史は甦る．クレスト社．

サッチャー，マーガレット．（1993）．サッチャー回顧録（下）．（石塚雅彦　訳）．日本経済新聞社．

ヤスパース，カール．（2005）．ワイド版　世界の大思想Ⅲ‐11歴史の起原と目標．（重田

英世　訳）．河出書房新社．

岡潔＋林房雄．（１９６８）．心の対話．日本ソノサービスセンター．

ヴェーバー，マックス（１９８９）．プロテスタンティズムの倫理と資本主義の精神．（大塚久雄　訳）．岩波文庫．

斎藤高行．（２０１２）．訳注　二宮先生語録（上）．一円融合会．

渋沢栄一．（２００８）．論語と算盤．角川ソフィア文庫．

石田梅岩．（１９７２）．世界の名著18　富永仲基　石田梅岩．（加藤周一他　訳）中央公論社．

矢吹邦彦．（１９９６）．炎の陽明学．明徳出版社．

山田方谷に学ぶ会．（２０１０）．山田方谷のことば．登龍館．

山本七平．（１９８４）．勤勉の哲学．ＰＨＰ文庫．

ドラッカー，P.F.（１９７４）．マネジメント．（野田一夫＋村上恒夫　監訳）．ダイヤモンド社．

ヴェーバー，マックス．（１９９６）．古代ユダヤ教（下）．（内田芳明　訳）．岩波文庫．

松下幸之助．（１９９２）．松下幸之助発言集41．ＰＨＰ研究所．

第２章

大川隆法．（２０１１）．太陽の法．幸福の科学出版．

———．（２００７）．復活の法．幸福の科学出版．

———．（２０１４）．幸福の科学大学創立者の精神を学ぶⅡ（概論）．幸福の科学出版．

———．（２０１２）．愛、無限．幸福の科学出版．

———．（２０１０）．マルクス・毛沢東のスピリチュアル・メッセージ．幸福の科学出版．

———．（２０１２）．進化論の真実．幸福の科学出版．

———．（２００４）．幸福の法．幸福の科学出版．

———．（２００３）．大悟の法．幸福の科学出版．

———．（２００２）．若き日のエル・カンターレ．幸福の科学．

先端社会研究編集委員会．（２００６）．関西学院大学出版会．

貝塚茂樹　訳注．（１９７３）．論語．中公文庫．

ヒル，ナポレオン．（1996）．成功哲学．（田中孝顕　訳）．騎虎書房．

ボッグ，デレック．（2011）．幸福の研究．（土屋直樹＋茶野努＋宮川修子　訳）．東洋経済新報社．

内村鑑三．（1976）．後世への最大遺物　デンマルク国の話．岩波文庫．

第3章

大川隆法．（2011）．太陽の法．幸福の科学出版．

――．（2008）．幸福の科学とは何か．幸福の科学出版．

――．（1992）．悟りに到る道．幸福の科学出版．

――．（2014）．ヒルティの語る幸福論．幸福の科学出版．

――．（1993）．沈黙の仏陀．幸福の科学出版．

――．（1999）．大川隆法霊言全集第5巻．幸福の科学．

――．（2010）．選ばれし人となるためには．幸福の科学．

ノストラダムス，ミカエル．（1984）．ノストラダムス大予言 原典．（大乗和子 訳）．たま出版．

ヒック，J．（1986）．神は多くの名前をもつ．（間瀬啓允 訳）．岩波書店．

ヒルティ，カール．（1965）．幸福論（第三部）．岩波文庫．

三谷隆正．（1992）．幸福論．岩波文庫．

DAVID, SUSAN. A, BONIWELL, ILONA. (2013). THE OXFORD HANDBOOK OF HAPPINESS. OXFORD UNIVERSITY PRESS.

加藤秀俊．（1963）．整理学．中公新書．

上野佳恵．（2012）．「過情報」の整理学．中公選書．

喜多あおい．（2011）．プロフェッショナルの情報術．祥伝社．

平沼光．（2011）．日本は世界1位の金属資源大国．講談社＋α新書．

ドラッカー，P・F．（2007）．ポスト資本主義社会．ダイヤモンド社．

鈴木博毅．（2013）．「超」入門 学問のすすめ．ダイヤモンド社．

著者＝黒川白雲（くろかわ・はくうん）

1966年生まれ。兵庫県出身。1989年早稲田大学政治経済学部政治学科卒業。同年東京都庁入庁。1991年より幸福の科学に奉職。指導局長、活動推進局長、人事局長等を経て、現在、学校法人幸福の科学学園理事・幸福の科学大学人間幸福学部長候補。幸福の科学本部講師。共著に、『国難に備えよ』『日本経済再建宣言』（幸福の科学出版）、著書に『人間幸福学に関する序論的考察』『幸福の科学教祖伝及び初期教団史に関わる史的考察』（人間幸福学叢書）等がある。

知的幸福整理学 ―「幸福とは何か」を考える―

2014年9月13日　初版第1刷

著　者　黒川 白雲
発行者　本地川 瑞祥
発行所　幸福の科学出版株式会社
〒107-0052　東京都港区赤坂2丁目10番14号
TEL（03）5573-7700
http://www.irhpress.co.jp/

印刷・製本　株式会社 堀内印刷所

ISBN978-4-86395-552-3 C0030

写真：© Photobank-Fotolia.com、© emeraldphoto-Fotolia.com、AFP＝時事

大川隆法ベストセラーズ・最新刊

宗教学者から観た「幸福の科学」

「聖なるもの」の価値の復権

島薗進、山折哲雄、井上順孝――現代日本を代表する三人の宗教学者の守護霊による、幸福の科学に対する率直な本音。

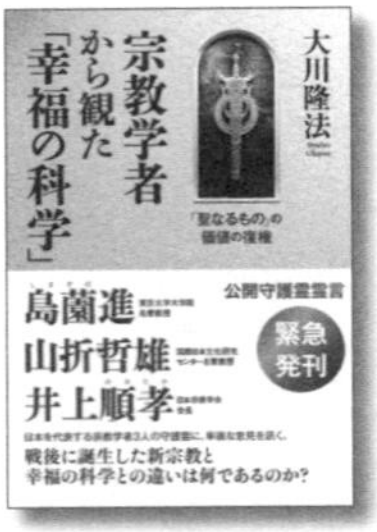

1,400円

「比較幸福学」入門

知的生活という名の幸福

ヒルティ、アラン、ラッセル、エピクテトス、マルクス・アウレリウス、カント――知的生活を生きた彼らを比較分析し、「幸福」を探究する。

1,500円

「幸福の科学教学」を学問的に分析する

教義の全体像を示す「基本三部作」や「法シリーズ」、「公開霊言」による多次元的な霊界の証明。現在進行形の幸福の科学教学を分析する。

1,500円

人間学の根本問題

「悟り」を比較分析する

イエスと釈尊の悟りを分析し、比較する。西洋と東洋の宗教文明を融合し、違いを乗り越えて、ユートピアを建設するための方法が論じられる。

1,500円

※表示価格は本体価格(税別)です。

大川隆法ベストセラーズ・「仏教論」シリーズ

他力信仰について考える

源信、法然、親鸞の生涯と思想を読み解く。念仏を唱えれば誰でも救われるのだろうか？　仏の「救済的側面」である阿弥陀信仰を解き明かした一冊。

1,500 円

悟りと救い

「上求菩提」と「下化衆生」。仏教の根本命題を説き明かし、2600 年の仏教史が生み出した各宗派の本質と問題点を喝破する。

1,500 円

禅について考える

努力・精進を重視した「禅宗」。厳しく悟りを求める一方で、唯物思想に結び付きかねない危険性をも指摘。「坐禅」の真の目的を明示する。

1,500 円

日蓮を語る

日蓮はなぜ他宗を激しく非難排撃したのか？　「法華経」を信じた理由とは？
日蓮の信仰・思想・行動を説き明かし、「不惜身命の生涯」の核心に迫る。

1,500 円

幸福の科学出版

大川隆法ベストセラーズ・「幸福論」シリーズ

ソクラテスの幸福論

諸学問の基礎と言われる哲学には、「宗教的背景」が隠されている。知を愛し、自らの信念を貫くために毒杯を仰いだ哲学の祖・ソクラテスが語る「幸福論」。

1,500円

キリストの幸福論

失敗、挫折、苦難、困難、病気……。この世的な不幸に打ち克つ本当の幸福とは何か。2000年の時を超えてイエスが現代人に贈る奇跡のメッセージ!

1,500円

ヒルティの語る幸福論

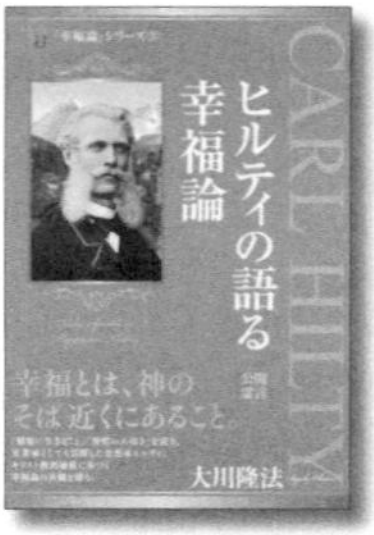

人生の時間とは、神からの最大の賜りもの。「勤勉に生きること」「習慣の大切さ」を説き、実業家としても活躍した思想家が語る、「幸福論」の真髄。

1,500円

アランの語る幸福論

人間には、幸福になる「義務」がある――。人間の幸福を精神性だけではなく、科学的観点からも説き明かしたアランが、現代人に幸せの秘訣を語る。

1,500円

※表示価格は本体価格(税別)です。

大川隆法ベストセラーズ・「幸福論」シリーズ

仏教的幸福論
―施論・戒論・生天論―

この世の苦しみを超えて、仏教が求めた「幸福」とは何か。功徳を積み、生き方を正し、「来世の幸福」へとつなげる、仏陀の「次第説法」を検証する。

1,500 円

日本神道的幸福論
日本の精神性の源流を探る

「神道は未開の民族宗教だ」というのは、欧米の誤解だった。古来、日本人の幸福の基礎であった、日本神道の源が明かされる。

1,500 円

幸福学概論

個人の幸福から企業・組織の幸福、そして国家と世界の幸福まで、1600 冊を超える著書で説かれた縦横無尽な「幸福論」のエッセンスがこの一冊に！

1,500 円

神秘学要論
「唯物論」の呪縛を超えて

近代哲学や科学が見失った神秘思想を、体系化・学問化。比類なき霊能力と知性が可能にする、「新しき霊界思想」。ここに、人類の未来を拓く「鍵」がある。

1,500 円

※表示価格は本体価格（税別）です。

大川隆法ベストセラーズ・幸福の科学大学シリーズ

人間にとって幸福とは何か

本多静六博士 スピリチュアル講義

さまざまな逆境や試練を乗り越えて億万長者になった本多静六博士が現代人に贈る、新しい努力論、成功論、幸福論。

1,500円

究極の国家成長戦略としての「幸福の科学大学の挑戦」

大川隆法 vs. 木村智重・九鬼一・黒川白雲

世界の人々を幸福にする学問を探究し、人類の未来に貢献する人材を輩出する、大学人の挑戦がはじまった！

1,500円

比較宗教学から観た「幸福の科学」学・入門

性のタブーと結婚・出家制度

小乗仏教の戒律の功罪や、同性婚、代理出産、クローンなどに対して、比較宗教学の視点から、仏陀の真意を検証する。

1,500円

幸福の科学の基本教義とは何か

真理と信仰をめぐる幸福論

本当の幸福とは何か。永遠の真理とは？ 信仰とは何なのか？ 未来型宗教を知るためのヒント。

1,500円

幸福の科学出版

大川隆法ベストセラーズ・幸福の科学大学シリーズ

仏教学から観た「幸福の科学」分析

東大名誉教授・中村元と仏教学者・渡辺照宏のパースペクティブ（視角）から

仏教学の権威、中村元氏の死後 14 年目の衝撃の真実と、渡辺照宏氏の天上界からのメッセージを収録。

1,500 円

宗教学から観た「幸福の科学」学・入門

立宗 27 年目の未来型宗教を分析する

幸福の科学とは、どんな宗教なのか。教義や活動の特徴とは？　他の宗教との違いとは？　総裁自らが、宗教学の見地から「幸福の科学」を分析する。

1,500 円

「人間幸福学」とは何か

人類の幸福を探究する新学問

「人間の幸福」という観点から、あらゆる学問を再検証し、再構築する──。数千年の未来に向けて開かれていく学問の源流がここにある。

1,500 円

新しき大学の理念

「幸福の科学大学」がめざすニュー・フロンティア

2015 年開学予定の「幸福の科学大学」。日本の大学教育に新風を吹き込む「新時代の教育理念」とは？　創立者・大川隆法が、そのビジョンを語る。

1,400 円

※表示価格は本体価格（税別）です。

■ 大学の未来が見える。幸福の科学大学総長・九鬼一著作

新しき大学とミッション経営

出版不況のなか、2年間で売上5割増、経常利益2.7倍を成し遂げた著者が語るミッション経営の極意。経営を成功させるための「心」の使い方を明かす。

1,200円

幸福の科学大学の目指すもの

ザ・フロンティア・スピリット

既存の大学に対する学生の素朴な疑問、経営成功学部とMBAの違い、学問の奥にある「神の発明」など、学問の常識を新しくする論点が満載。

1,200円

大学教育における信仰の役割

宗教教育だからこそ、努力を惜しまない有用な人材を育てることができる。著者と4人の学生が、未来を拓く教育について熱く議論を交わした座談会を収録。

1,200円

■ 国際伝道師を目指せ。幸福の科学学園理事長・木村智重著作

実戦英語仕事学

国際社会でリーダー人材になるために欠かせない「実戦英語」の習得法を、幸福の科学学園理事長・木村智重が明かす。

1,200円

幸福の科学出版

入会のご案内

あなたも、幸福の科学に集い、ほんとうの幸福を見つけてみませんか？

幸福の科学では、大川隆法総裁が説く仏法真理をもとに、
「どうすれば幸福になれるのか、また、
他の人を幸福にできるのか」を学び、実践しています。

入会

大川隆法総裁の教えを信じ、学ぼうとする方なら、どなたでも入会できます。入会された方には、『入会版「正心法語」』が授与されます。（入会の奉納は1,000円目安です）

ネットでも入会できます。詳しくは、下記URLへ。
happy-science.jp/joinus

三帰《さんき》誓願《せいがん》

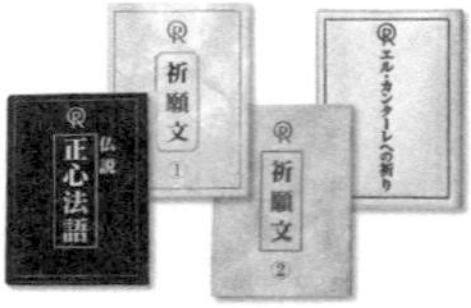

仏弟子としてさらに信仰を深めたい方は、仏・法・僧の三宝への帰依を誓う「三帰誓願式」を受けることができます。三帰誓願者には、『仏説・正心法語』『祈願文①』『祈願文②』『エル・カンターレへの祈り』が授与されます。

植福《しょくふく》の会

植福は、ユートピア建設のために、自分の富を差し出す尊い布施の行為です。布施の機会として、毎月1口1,000円からお申込みいただける、「植福の会」がございます。

「植福の会」に参加された方のうちご希望の方には、幸福の科学の小冊子（毎月1回）をお送りいたします。詳しくは、下記の電話番号までお問い合わせください。

月刊「幸福の科学」

ザ・伝道

ヤング・ブッダ

ヘルメス・エンゼルズ

INFORMATION
幸福の科学サービスセンター
TEL. **03-5793-1727**（受付時間 火〜金：10〜20時／土・日：10〜18時）
宗教法人 幸福の科学 公式サイト **happy-science.jp**